LES MICROBES
DE L'ASTRAL

OUVRAGES DU MÊME AUTEUR

ARTICLES DIVERS

La Photographie électrique et spirite (paru dans le "*Voile d'Isis*").

Recherches sur les conditions d'expérimentation personnelle en physio-psychologie.

Thérapeutique Fin-de-Siècle (dans la "*Nouvelle Revue Internationale*").

CHEZ CHAMUEL :

On peut Envoûter.

La Matière des Œuvres Magiques.

Les Microbes de l'Astral.

L'Éternel Féminin et le Mécanisme de l'Amour.

Les Forces occultes (en préparation).

CHEZ A.-L. GUYOT, 20, RUE DU CROISSANT :

La Main et ses Mystères, 2 vol.

Manuel de Graphologie appliquée, 2 vol. (sous presse).

Magnétisme, Hypnotisme, Somnambulisme.

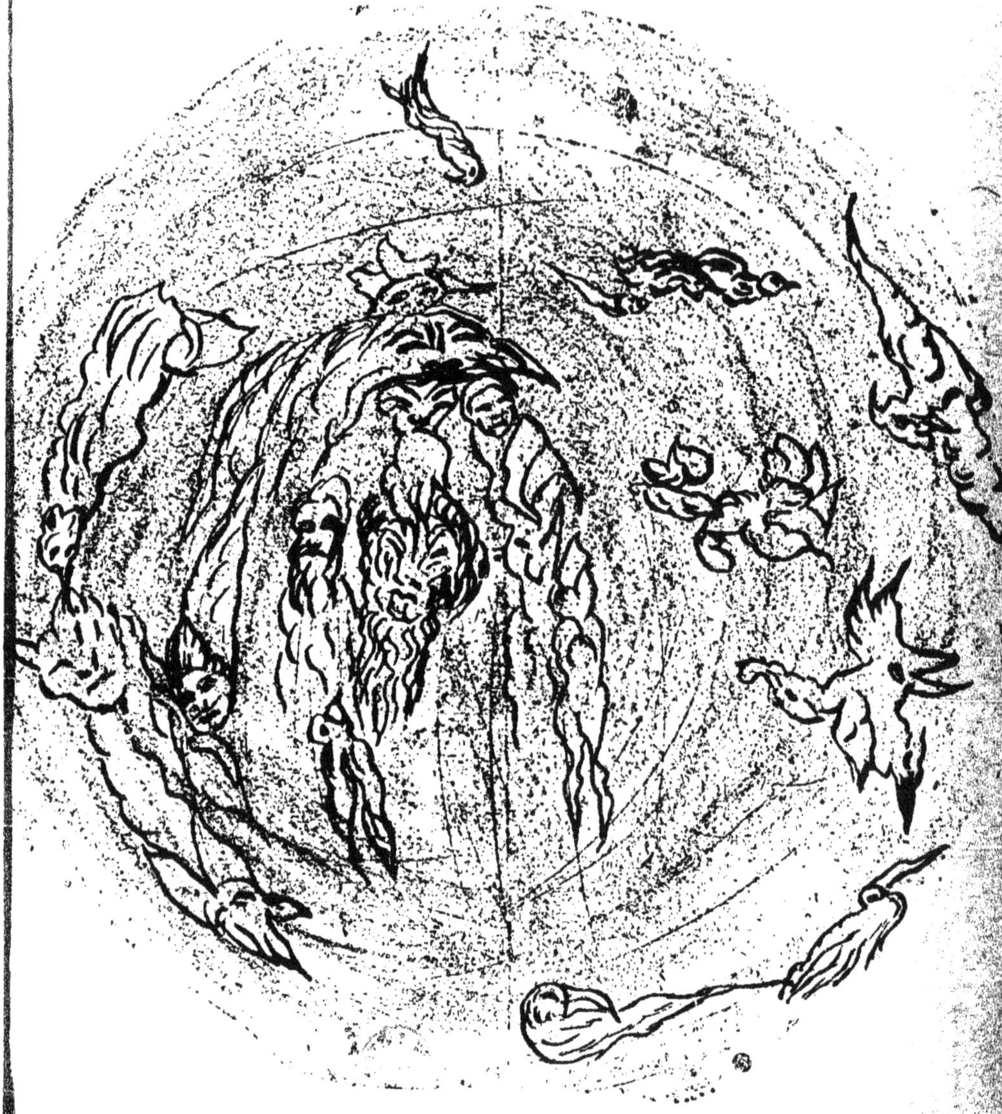

Les Microbes de l'Astral
d'après une vision dans un Miroir magique
(Extrait du *Traité de Magie pratique*, de Papus.)

MARIUS DECRESPE

Principes de Physique Occulte

LES MICROBES DE L'ASTRAL

« *Cherche et désire la science naturelle*
« *comme le plus précieux trésor, ce qu'elle*
« *serait, d'ailleurs, si l'on en usait comme*
« *il faut.* » J. BŒHME.

« *Si la théorie sans les faits n'est que*
« *pure hypothèse, les faits sans théorie*
« *restent sans aucune signification, même*
« *hypothétique.* » M. D.

Prix : 1 fr. 50

PARIS
CHAMUEL, ÉDITEUR
79, RUE DU FAUBOURG-POISSONNIÈRE, 79
près la rue Lafayette

1895

LES MICROBES DE L'ASTRAL

I

Jusqu'à présent, et non sans cause, la science positive officielle a refusé de s'occuper de l'âme, ou même de sa possible existence. La raison de cette systématique abstention est facile à comprendre. Par cela même qu'elle est positive, la science *ne peut et ne doit* étudier que ce qui est prouvé ou, tout au moins, probable, que ce qui tombe sous les sens, que ce qui rentre dans le domaine de l'expérimentation ; et, parce qu'elle est officielle, elle *ne peut et ne doit* admettre que *les faits officiellement consacrés* par une longue expérience et *expliqués* par une théorie strictement positive et basée elle-même sur des faits précis et rigoureusement contrôlés.

Or, la question de l'existence de l'âme ne relève encore que de la métaphysique. Il en résulte que tel savant qui, comme homme, croit peut-être à l'âme, ne peut, en tant que savant, en supposer même la possibilité d'être, sous peine de renier les principes de sa science. Il lui est loisible de faire, comme Crookes, Richet, Lombroso, etc., les expériences les plus variées et d'en tirer telles conclusions personnelles qu'il lui plaira ; mais *il n'a pas le droit* de présenter ces conclusions comme une théorie avant d'avoir recueilli un certain nombre de faits scrupuleusement établis et en quantité suffisante pour constituer un ensemble coordiné de *preuves tangibles irréfutables*.

Il est regrettable d'avoir à le constater, bon nombre de savants, surtout parmi les médecins, n'ont pas eu cette prudence indispensable au positiviste sincère et tolérant comme doit l'être le véritable homme de science. S'autorisant des découvertes de Young et de Fresnel et convaincus de l'existence des forces physiques immatérielles, plusieurs ont prétendu ne voir en l'homme qu'un organisme purement physique, théâtre de réactions diverses dont le *produit* serait un ensemble de forces en rapport avec ces réactions et qu'on appelle : pensée, amour, raison, mémoire, etc. ; de même, le produit des réactions qui ont lieu dans une pile est l'électricité.

C'était se hâter beaucoup que comparer l'*homme*

total à une pile voltaïque. Dans une petite brochure sur la *Matière des Œuvres Magiques* (1), où nous ne nous occupions que de rechercher les principes de la *physique* occulte, nous avons insisté sur la nécessité qu'il y aurait, selon nous, de délaisser les vieux errements de ce qu'on appelle la physiologie pour étudier la *physique organique,* et nous avons émis l'hypothèse que le corps humain, mais non l'homme dans son ensemble, devait être comparé à n'importe quelle pile auto-régénérable, à n'importe quelle machine à vapeur. Nous croyons, en effet, que ce travail de comparaison, conduit avec prudence et impartialité, permettrait de voir qu'il y a autre chose en l'homme que sa machine corporelle, et d'autres formes de l'énergie que les forces physiques.

Mais ce résultat ne saurait être atteint que si les physiologistes renonçaient à leur empirisme incertain pour une méthode logique et précise telle que les mathématiques, base de toutes les sciences expérimentales. Sinon, quoi qu'on fasse, nous en sommes convaincu, la médecine ne sera jamais une science, mais une simple collection d'observations et de procédés, et elle restera exposée à errer du matérialisme le plus étroit au mysticisme le plus nuageux, sans

(1) Chamuel, éditeur. Paris, 1894.

pouvoir atteindre au véritable positivisme ; le médecin le plus instruit et le plus sincère, s'il n'a d'autre guide que les principes de l'école officielle actuelle, ne pourra, le plus souvent, procéder que par intuition, par flair, et presque au hasard.

L'occultisme, qui repose, au fond, sur les mêmes principes que les mathématiques (1), et qui se guide sur une philosophie en accord parfait avec les mathématiques, constitue ainsi, quoi qu'en aient dit les ignorants, une des formes de la science parfaite ou, suivant l'expression de Malfatti de Montereggio, de la Mathèse ; c'est, à ce titre, l'une des plus belles expressions du positivisme, équilibrant les affirmations incomplètes, mais précises, du matérialisme, et les grandioses, mais vagues (2) visions du synthétisme mystique. Aussi voyons-nous que, grâce à l'occultisme, Malfatti lui-même, puis les Drs A. Péladan et G. Encausse-Papus, ont pu introduire une méthode dans la médecine même, la moins méthodique de toutes les connaissances humaines. Il est à craindre que cette méthode, si remarquable par sa lumineuse simplicité et la multiplicité de ses applications possibles, ne soit

(1) Voir les théories de Pythagore, les ouvrages de Malfatti de Montereggio, de Wronski, d'Éliphas Lévi, de Papus, surtout, de ce dernier, la *Kabbale* et le *Tarot*.

(2) Vagues, parce qu'incommunicables, à cause de leur grandeur même.

pas de sitôt adoptée par l'École ; et, en attendant que la force même des choses l'ait imposée au corps médical, il ne nous paraît pas inopportun de proposer aux matérialistes un sujet d'études qui pourrait, peut-être, faire faire quelques progrès au positivisme officiel.

II

Nous avons dit, dans notre étude précitée sur la *Matière des Œuvres Magiques*, que, de même qu'en optique on n'étudie plus aujourd'hui les phénomènes lumineux que dans l'éther qui pénètre tous les corps, et non dans les corps que traverse la lumière, de même on arriverait à ne plus étudier les phénomènes dits physiologiques que dans le milieu astral qui pénètre le corps humain, et non dans ce corps tangible lui-même, qui n'est, en quelque sorte, que le *substratum* du phénomène, bien plus que son véritable milieu de manifestation. Cette idée, loin de nous appartenir en propre, est fort ancienne, puisqu'elle est le fondement de la méthode thérapeutique que Paracelse renouvela des Grecs, des Égyptiens et même des Hindous d'il y a vingt mille ans. Pour guérir un malade, Paracelse en soignait l'âme, ou plutôt le corps astral, et non le corps charnel.

La précédente étude avait pour but de faire voir que la conception du corps astral ou, si l'on aime mieux, de l'aérosôme, n'a rien d'antiscientifique ; que ce corps astral est bien exclusivement matériel et constitué par les émanations *éthérisées* de notre corps charnel ; mais qu'en raison même de cet état éthéré ou radiant des molécules astrales, l'action des forces sur elles diffère de ce qu'elle est sur les molécules des corps plus tangibles ; enfin, les conclusions tirées de ces considérations nous ont permis de proposer l'explication rapide de quelques-uns des phénomènes dont s'occupe la science occulte.

Nous tâcherons présentement de nous faire une idée scientifique — toujours — et positive des conditions de formation, de vitalité et de développement des corps astraux ; c'est donc, à proprement parler, l'histoire de la naissance de l'âme que nous entreprenons. Mais, en cette étude, qui n'a rien de philosophique, ni encore moins de religieux, nous n'avons pas à nous occuper, sinon tout à fait accessoirement, des attributs de l'âme telle qu'on la connaît dans l'homme ; nous considérerons simplement ce principe comme un *centre de forces* ; c'est là une conception assez générale, ce semble, pour être admise aussi bien par les théologiens les plus mystiques que par les plus matérialistes physiologistes ; et c'est à ce seul titre que nous tenterons l'*analyse physique* de l'âme.

Qu'il soit, d'ailleurs, bien entendu que *nous n'affir-*

mons rien, quoique, pour plus de commodité, nous puissions parfois employer la forme affirmative ; nous soumettons seulement une idée à la vérification des expérimentateurs ; nous leur indiquons une voie qui nous semble pouvoir les conduire à quelque sérieux résultat ; nous leur présentons une série de postulata à élucider ; l'avenir dira si nous sommes dans le vrai. Mais, quelle que soit la valeur intrinsèque de ces hypothèses, on peut toujours les admettre provisoirement pour, grâce à elles, tenter d'édifier une théorie *a priori* du mécanisme de la formation de l'âme ; à défaut d'autres mérites, cette théorie aurait au moins celui de diriger les recherches à faire vers un but déterminé, dans une voie bien indiquée par des points de repère déjà assez nombreux, et d'éviter ainsi les tâtonnements sans méthode de l'empirisme actuel.

Celui qui saura préciser cette théorie tant désirable fera sûrement sortir la physiologie de l'anarchie où elle s'immobilise, malgré les résultats, si remarquables d'ailleurs, mais isolés, auxquels on est parvenu en ces dernières années.

III

Parmi les phénomènes les plus troublants de la science électrique moderne, il en est un qui, par sa rareté et son étrange apparence, est tout particulièrement intéressant; c'est la foudre globulaire ou l'éclair en boule. On connaît le récit pittoresque que fit Babinet de l'aventure d'un cordonnier chez qui avait pénétré le tonnerre sous forme d'un globe de feu à peu près gros comme la tête ; ce globe se promena d'abord lentement un peu au-dessus du sol, allant et venant comme un jeune chien familier, passant entre les jambes du cordonnier ébahi, puis s'élevant comme pour jouer à la hauteur de sa tête, décollant proprement une feuille de papier qui bouchait l'orifice d'une cheminée inutilisée et, passant par cette voie, montant tout doucement jusqu'au sommet de la maison où il fit explosion avec un bruit formidable, démolissant un pan de mur. D'autres récits confirment celui du cordonnier sur la lenteur de translation de la foudre globulaire, sur la faible chaleur qu'elle rayonne, sur son volume toujours comparé approximativement à celui d'une tête d'enfant ou d'homme. Mais jusqu'aux expériences de M. Planté, on n'avait pu supposer aucune théorie de cet étrange phénomène. Il semble qu'on soit aujourd'hui en droit d'émettre au moins une hypothèse.

Les expressions le plus généralement employées pour caractériser la foudre globulaire semblent fort exactement choisies ; c'est bien, en effet, un globe de feu. Mais on ne prend point garde à ce qu'il y a d'incohérent en cette expression même. Comment concevoir un globe constitué par une chose intangible, par un mouvement, car le feu n'est guère autre chose ? Sans nous perdre dans les discussions métaphysiques, nous allons tâcher de présenter une explication.

L'électricité paraît agir en cette circonstance comme agit la chaleur sur la vapeur d'eau dans le phénomène de la dissociation, en provoquant des vibrations rapides dans la masse des molécules des corps en présence (1). Or, lorsque les éclairs en boule se produisent, l'électricité atmosphérique a toujours une tension énorme et partout à peu près égale, dans le lieu où le phénomène prend naissance; si ces

(1) Voir les travaux de Berthelot et de H. Sainte-Claire Deville.

conditions n'étaient pas réalisées, l'éclair jaillirait sous sa forme habituelle de trait de feu dirigé par la route la moins résistante du point où le potentiel est le plus élevé vers celui où il l'est moins. Mais lorsque, dans un espace donné, toutes les molécules sont également électrisées, aucune décharge n'est possible.

Ces molécules, avons-nous dit, doivent être en mouvement rapide. Nous avons précédemment tâché de faire ressortir que le mouvement moléculaire peut donner l'illusion de la solidité (laquelle est en rapport avec la vitesse de translation et le nombre des molécules sous l'unité de volume), et ainsi permettre de voir des corps antérieurement invisibles, soit parce que les chocs moléculaires n'étaient pas assez fréquents pour produire l'incandescence, soit parce que les molécules étaient orientées de façon à laisser passer les rayons lumineux. Dans un champ fortement électrisé, le milieu ambiant, dont les molécules se meuvent rapidement, doit donc acquérir une certaine viscosité, analogue à celle que les expériences de Foucault et de Becquerel ont permis de constater dans les champs magnétiques. C'est ce que prouve expérimentalement le condensateur que Louis Lucas construisait avec une bouteille prismatique pleine de chaux en poudre et de grains de plomb (1). Que cette

(1) Louis Lucas. *Chimie nouvelle.*

viscosité ne soit pas ordinairement sensible pour nous, cela n'a rien d'étonnant (1) ; nos sens obtus perçoivent directement si peu de choses ! Mais elle n'en existe vraisemblablement pas moins. Et c'est grâce à elle qu'il semble possible d'expliquer la foudre globulaire.

Qu'on se figure, en effet, un point où, pour une cause ou pour une autre, qui se résume toujours en une surélévation du potentiel, les molécules électrisées se meuvent *un peu plus* rapidement que les autres. Immédiatement et par le fait même, ce point cessera d'être en équilibre avec le milieu et deviendra un centre où affluеront les molécules voisines attirées par ce plus rapide mouvement (2). Les nouvelles venues vibreront bientôt à l'unisson des premières ; d'autres s'y joindront qui participeront aussi à ce particulier mouvement, et ainsi de suite, de proche en proche, jusqu'à ce que le *corps* ainsi constitué et qui s'isole dans l'espace (par une plus grande viscosité apparente, due aux plus rapides mouve-

(1) La sensation si connue de *toile d'araignée* pourrait bien en être une manifestation.

(2) Elles ne peuvent pas être repoussées dans le cas qui nous occupe, puisqu'elles sont négatives par rapport au centre de plus rapide mouvement ; les polarités de noms contraires s'attirent. Si la différence des vitesses moléculaires (ou du potentiel) était considérable, il y aurait décharge disruptive.

ments moléculaires) comprenne un nombre de molécules en rapport avec l'importance du mouvement. Toutes ces molécules, vibrant à l'unisson en un milieu de vibrations moins fréquentes, s'assembleront en une masse sphérique — comme font les nébuleuses en voie de condensation, les gouttes de rosée sur les feuilles, les bulles de gaz au sein d'un liquide, etc., — en laquelle elles prendront bientôt un rythme assez rapide pour que la multiplicité de leurs chocs mutuels donne lieu à un phénomène d'incandescence (1). Mais, parce que ce centre de forces est attractif, la chaleur qui accompagne cette incandescence n'aura pas tendance à rayonner et ne se fera pas sentir à une distance même courte de la sphère ignée ; bien au contraire, la chaleur rayonnera vers le centre, et son action s'ajoutant à celle de l'électricité, les molécules qui constituent le globe se mouvront de plus en plus vite, leurs chocs se multiplieront, leur incandescence croîtra, jusqu'au moment où leur rapidité de translation devenant incompatible avec leur nature propre, la foudre éclatera, la boule de lumière

(1) Il y aurait donc un moment où l'éclair en boule existe déjà bien formé, mais non encore visible. On doit pouvoir constater ce fait expérimentalement ; nous l'avions entrepris, il y a cinq ou six ans, mais nous fûmes contraint d'abandonner ces recherches avant d'avoir obtenu un résultat suffisamment net.

disparaîtra, la somme immense de mouvement concentrée en un point se répandra dans tout le milieu ambiant, provoquant de toutes parts des décharges disruptives qui détruiront la *surélectrisation* de ce milieu.

Le phénomène de la foudre globulaire peut donc être comparé à celui de la surfusion, du verglas : de même qu'une goutte d'eau traverse à l'état liquide un milieu dont la température peut se trouver bien au-dessous du point de solidification de cette eau, de même un point électrisé peut se maintenir, sans qu'il se produise de décharge, dans un milieu dont le potentiel est moins élevé. Mais aussi, de même que le contact d'une parcelle de glace provoque la congélation de la goutte d'eau en surfusion, de même l'approche d'un point dont la tension est supérieure à celle de l'air ambiant — par exemple une pointe — provoque le rétablissement de l'équilibre entre le centre de *surélectrisation* et le milieu moins électrisé.

Maintenant doit-on penser que cette sphère de feu est vraiment solide et formée de molécules plus nombreuses sous l'unité de volume que celles qui constituent le milieu ambiant? La foudre globulaire résulte-t-elle d'un accroissement de densité jointe à l'accroissement de mouvement ? Il est difficile de répondre à cette question, parce qu'il est impossible de constater directement la solidité de la foudre globulaire ; encore cette constatation ne nous apprendrait sans doute pas grand'chose, étant donné que nous serions vraisemblablement victimes d'une illusion tactile ; d'autre part, on ne peut arguer du considérable déplacement d'air qui se produit lors de l'explosion, attendu qu'il peut provenir soit d'une expansion subite de l'air condensé en la boule de feu, soit de l'entraînement de l'air ambiant par les effluves torrentiels qui surgissent en d'irrésistibles élans, soit des deux causes réunies. Mais si les conditions du phénomène sont bien telles que nous le supposons, on peut être fondé à croire qu'il n'existe en la boule de feu qu'une augmentation du mouvement des molécules, et non pas une condensation de matière. La viscosité des champs électrique et magnétique n'est qu'apparente et ne provient pas d'une plus grande densité du milieu électrisé ou aimanté ; ayant émis l'hypothèse que la supposée solidité de la foudre globulaire n'est qu'une exagération de la viscosité du champ électrique, nous n'avons pas de raison de croire qu'elle est plus réelle que cette viscosité ; de plus, nous ne voyons pas bien comment l'air réellement solidifié, ou seulement fortement comprimé, pourrait subsister sous cet état, en même temps qu'il deviendrait assez chaud pour être incandescent, puisque, même à la température ordinaire, l'air est gazeux ; enfin cette densité plus grande ne permettrait guère d'expliquer les mouvements d'ascension qu'on a constatés si souvent sur les éclairs en boule. Pour nous, ils doivent donc être de même densité que l'air où ils prennent naissance. Un plus grand nombre de molécules passent en un point donné pendant l'unité de temps, mais il n'en existe pas davantage dans l'unité de volume.

IV

De cette théorie — à vérifier, mais vérifiable, sans doute — on peut déduire celle de la formation de l'âme. Mais nous avons vu que, d'après les conditions mêmes de sa formation, la foudre globulaire ne pouvait subsister que dans un état d'équilibre instable de fort courte durée. L'âme serait-elle, de même, appelée à périr après une éphémère existence ? Non, car les mêmes lois qui président à la formation des éclairs en boule sont appliquées en sens inverse à la formation des âmes. Si la sphère de feu prend naissance autour d'un point *surélectrisé* dans un champ électrique intense, l'âme ne peut, croyons-nous, se former qu'autour d'un point négatif par rapport au milieu ambiant. Les expériences récentes de M. Narkiewicz de Jodkov sont venues apporter une confirmation précieuse à cette théorie que plusieurs ont entrevue depuis quelques années, à savoir que le pôle positif disperse, tandis que le pôle négatif concentre. Parmi les nombreuses photographies obtenues par M. de Jodkov, on remarque, en effet, que celles où le sujet était électrisé positivement se présentent sous forme d'étoiles, de soleils rayonnants ; tandis que celles obtenues avec un sujet négatif donnent un nuage confus, rappelant singulièrement l'aspect des nébuleuses en voie de condensation. Au reste, c'est là une variante de l'observation déjà ancienne que le courant électrique va du pôle positif au pôle négatif dans le circuit extérieur.

De quelques expériences entreprises par nous, mais trop peu avancées encore pour être publiées, il semble résulter que le pôle négatif d'une machine électrostatique longtemps maintenue en activité, dans un espace clos et sans courant d'air, se couvre de poussière bien plus rapidement que le pôle positif (1).

Un assez grand nombre d'autres faits nous donnent à penser qu'on peut proposer, pour la formation de l'âme, l'hypothèse suivante.

Si, dans un champ électrique (2) uniforme, un point vient à se trouver à un potentiel *un peu* inférieur, les

(1) Les extrémités polaires avaient, en ces expériences interrompues depuis quatre ans, des formes extrêmement variées.

(2) Nous disons *champ électrique* pour ne pas trop nous éloigner des terrains connus. On devrait plutôt dire *champ énergique*, car nous ne savons pas si quelque modalité de l'énergie est plus particulièrement en jeu dans la formation de l'âme.

molécules qui se trouvent à ce point vibrent moins rapidement que les autres ; il se produit une attraction vers ce point déséquilibré, tout comme dans le cas de la formation des éclairs en boule, et les nouvelles molécules ralentissent leur marche pour se mettre à l'unisson de celles primitivement soumises au centre négatif de forces ; mais, parce qu'elles vont plus lentement, elles donnent lieu à une sorte de raréfaction de la masse qu'elles constituent, raréfaction due, non pas à la diminution du nombre de molécules existant dans l'unité de volume, mais à la diminution du nombre de molécules qui passent à un point donné en l'unité de temps ; et ce vide partiel vient encore en aide à la polarité négative du centre de forces pour attirer les molécules les plus proches ; si bien qu'à l'inverse de ce qui se passe pour les éclairs en boule, la densité vient compenser le ralentissement de la vitesse des translations moléculaires. Il est naturel que cet état se maintienne tant que le potentiel du milieu ne change pas dans des limites considérables, car on peut comparer le phénomène, non plus à celui que présente une goutte d'eau en surfusion dans un milieu plus froid que le point de congélation, mais bien à celui qu'on observe dans le cas d'un glaçon flottant sur une masse d'eau ayant la même température et ne conservant sa liquidité que grâce à son mouvement plus rapide ; dans de semblables conditions, le glaçon ne peut qu'augmenter peu à peu de volume par la congélation des gouttes d'eau qui viennent en contact avec lui.

C'est ce qui se produit également pour l'*aérosôme* en condensation autour du centre de forces qui sera l'âme.

Mais il est bien évident que les éléments de l'aérosôme ainsi formé n'auront qu'une cohésion bien faible, puisque, quel que soit leur nombre, ils ne pourront jamais atteindre à la densité du milieu ambiant, dont les molécules se meuvent plus rapidement. Il faut tenir compte, aussi, de la nature de ces éléments et de l'affinité chimique ou mécanique qu'ils peuvent avoir les uns pour les autres ; un aérosôme constitué exclusivement des molécules de l'air aura, très probablement, une cohésion moindre qu'un aérosôme formé de vapeur d'eau, parce que les deux gaz qui existent dans l'air ne sont qu'à l'état de mélange, tandis que les gaz de l'eau sont en combinaison ; un aérosôme qui sera pénétré par un grain de poussière risquera fort de se voir détruit par le poids écrasant, pour lui, de cette relative immensité matérielle ; enfin un aérosôme qui prendra naissance dans les vapeurs du sang aura, suivant les traditions occultes, que confirment le raisonnement et l'expérience, une vitalité beaucoup plus grande, puisque le sang provient d'un organisme possédant déjà un aérosôme puissant.

Toutefois, au fur et à mesure que s'augmente l'importance de cet aérosôme, quel qu'il soit, d'ailleurs, le centre qui le vivifie s'accroît aussi par l'apport des forces vives de chaque nouvelle molécule ; et, l'un l'autre se fortifiant, une heure vient où l'existence indépendante de l'être ainsi constitué n'est plus si précaire ; sa tendance à se réaliser s'accentue ; la matière qui est en lui pèse et l'entraîne à des incarnations tangibles.

A partir de ce moment, l'aérosôme cesse d'être comparable à l'éclair en boule. Avant de passer outre, établissons donc, pour n'y plus revenir, le parallélisme de ces deux phénomènes.

V

Dans l'éclair globulaire, on distingue deux principes : la matière à l'état gazeux ou radiant, et l'électricité. Dans l'aérosôme, on distingue également la matière à l'état gazeux ou radiant, et une force encore inconnue dans sa modalité, mais qui, fonctionnellement, agit d'une façon analogue, sinon identique, à l'électro-magnétisme ou à la chaleur-lumière.

L'éclair en boule prend naissance dans un champ uniformément surélectrisé et doué, par conséquent, d'une certaine viscosité, autour d'un point qui se trouve à un potentiel un peu supérieur à celui du milieu ambiant. L'aérosôme se forme également dans un champ de potentiel (1) uniforme, quoique sans surélectrisation nécessaire, mais autour d'un point qui se trouve d'une faible quantité négatif par rapport au milieu ambiant. Si la différence de potentiel entre le

(1) Nous insistons encore, pour faire remarquer que nous n'employons, dans l'étude de l'aérosôme, ces expressions (potentiel, etc.), tirées de la terminologie électrique, *qu'à titre de simples comparaisons.*

point de formation et le milieu où il se manifeste était considérable, il y aurait, pour l'éclair comme pour l'aérosôme, courant obscur et silencieux, effluve, ou décharge disruptive, suivant la valeur de cette différence, mais non pas simple attraction des molécules matérielles.

La conséquence de cette surélectrisation du centre d'attraction dans l'éclair en boule est le plus rapide mouvement des molécules attirées, qui se trouvent alors dans un état analogue à celui des molécules de vapeur d'eau surchauffée en vase clos (1); elles tendent à la dissociation, aussi bien par la multiplicité de leurs chocs mutuels que par la répulsion qui s'exerce entre les corps de même polarité ; mais, au fur et à mesure que la *positivité* du centre se développe, les molécules ambiantes sont plus fortement attirées vers lui et le compriment de toutes parts — absolument comme pourraient le faire les parois d'une chaudière — en lui donnant, naturellement, la forme sphérique ; ces molécules ambiantes ne peuvent pas pénétrer dans le *corps* de l'éclair, à cause, précisément, de la rapidité de ses mouvements moléculaires, et elles doivent former à sa périphérie une couche *plus dense que le noyau*. La conséquence de la

(1) Théorie de Berthelot. *Essai de Mécanique chimique.*

subélectrisation du centre de forces autour duquel s'agglomèrent les molécules constitutives de l'aérosôme est un ralentissement du mouvement propre de chacune de ces molécules ; il en résulte que, bien qu'elles soient toutes négatives et, par conséquent, qu'elles se repoussent mutuellement, cependant, elles n'ont pas une tendance très grande à la dissociation, parce que leur mouvement est lent et parce que, cette lenteur même n'étant pas un obstacle à l'attraction entre polarités contraires, les molécules ambiantes peuvent facilement pénétrer dans l'aérosôme, dont la densité augmente ainsi progressivement.

La conséquence des conditions qui précèdent est que les molécules soumises au centre de forces, créateur de l'éclair en boule, sont animées d'un mouvement de plus en plus rapide et, par la multiplicité de leurs chocs mutuels, s'échauffent bientôt au point de devenir *incandescentes*, c'est-à-dire visibles ; mais cette incandescence — chaleur et lumière — est le résultat d'un phénomène *exclusivement mécanique*, c'est-à-dire physique, et non pas d'une réaction chimique comparable à celles qui ont lieu dans les flammes ; l'éclair en boule est donc de même nature que les *fantômes* de Tesla (1). Les

(1) Ces fantômes constituent une expérience qui contient en germe toute une révolution de la science électrique ; c'est la confirmation la plus éclatante des beaux travaux de E. Becque-

molécules de l'aérosôme étant, au contraire, douées d'une vitesse moindre que les molécules ambiantes, sont nécessairement plus froides et moins lumineuses, c'est-à-dire moins visibles, quoique plus nombreuses sous l'unité de volume ; si donc il était possible, en certaines conditions particulières, de voir un aéro-

rel sur la phosphorescence, et de W. Crookes sur la matière radiante. La question est tellement importante, en ce qui concerne la théorie de certains phénomènes psychiques, qu'il nous paraît indispensable de faire connaître au moins les points principaux des découvertes du grand savant nord-américain.

M. Nikola Tesla se sert, pour ses expériences, d'une pile qui peut être quelconque et d'une bobine d'induction modifiée de celle de Ruhmkorff; cette bobine comprend deux parties : un alternateur permettant d'obtenir plusieurs centaines de mille inversions du courant par seconde, et la bobine proprement dite, dont la particularité la plus remarquable est d'être isolée avec un soin tout spécial, pour pouvoir résister aux différences de potentiel considérables que peut atteindre le courant secondaire sous l'influence des inversions rapides du primaire. Ces différences de potentiel peuvent, en effet, atteindre un million de volts. On comprend qu'une aussi énorme tension permette d'obtenir des résultats tout autres, au moins en apparence, que ceux qu'on obtient avec la bobine de Ruhmkorff classique.

Rappelons d'abord le parti que M. Crookes sut tirer de cette bobine :

Il avait remarqué que, sous l'action du courant alternatif de la bobine, le rhéophore négatif des tubes de Geisler s'entoure d'une gaîne lumineuse située d'autant plus loin de la surface de ce rhéophore que le vide était plus parfait dans le tube ; et il en conclut que cette gaîne indiquait la limite des *chemins moléculaires*, et le point où chaque molécule, lancée par la force en action dans l'expérience, en rencontrait d'autres, et s'échauffait au choc au point de devenir lumineuse ;

sôme, dans la période que nous étudions présentement, on ne le percevrait que comme une ombre légère plus ou moins analogue, comme aspect, à une masse d'eau limpide comparée à une masse d'air; on se rendra approximativement compte de la différence en comparant deux ballons, l'un plein d'air et l'autre

de là, la découverte de la matière radiante et la théorie des quatre états que nous avons résumée comme suit dans notre étude sur la *Matière des Œuvres Magiques :* « Dans l'état radiant, les particules constitutives des corps sont entraînées, par la force quelconque qui agit sur elles, à peu près comme les feuilles d'automne par le vent ou comme les balles que crache une mitrailleuse. (Crookes et Tesla emploient constamment le mot *bombardement* pour caractériser les phénomènes des chocs moléculaires.) Dans l'état gazeux, les molécules sont encore entraînées; mais comme elles sont beaucoup plus nombreuses, elles ne peuvent parcourir qu'un chemin fort court sans rencontrer d'autres molécules contre lesquelles elles se cognent et rebondissent; de sorte que, pour faire un kilomètre, ce qui est la distance moyenne qu'elle peut couvrir en une seconde, chacune d'elles a à subir plusieurs millions de chocs, et, au bout de la seconde, elle peut se trouver très peu éloignée de son point de départ. Dans l'état liquide, le nombre des molécules est encore plus grand ; elles ne sont plus entraînées, mais elles roulent les unes sur les autres à peu près comme pourraient faire des billes disposées en tas. Dans l'état solide, elles ne peuvent plus quitter leur place, où elles sont retenues comme par un lien élastique qui leur permet des vibrations telles qu'on les conçoit dans la théorie de Fresnel. » Les quatre états ne se distinguent donc essentiellement que par les degrés de densité de la matière et par le mode d'action de la force qui, dans un même milieu, change avec le degré de densité.

Partant de ces premières données, Tesla pensa que, pour obtenir un même phénomène dans un milieu de densité plus plein d'eau, ou encore en regardant une feuille de papier d'abord directement, puis à travers un morceau de verre incolore et limpide; l'aérosôme, comme le verre ou l'eau, absorbera toujours une certaine quantité de la lumière transmise.

Au fur et à mesure qu'il s'échauffera, l'éclair en

considérable, il serait nécessaire et suffisant de disposer d'une force de plus grande tension. L'expérience lui donna raison, et, au moyen de la bobine dont nous avons parlé plus haut, il obtint *à l'air libre* plusieurs des phénomènes que M. Crookes n'avait obtenus qu'à la pression extrêmement faible de un vingt-millionnième d'atmosphère; parmi ces phénomènes est celui que l'ingénieux expérimentateur américain qualifie lui-même de *fantômes lumineux :* sous l'action puissante d'un courant qui change de sens jusqu'à 400.000 fois par seconde et dont la différence de potentiel aux bornes varie entre 500.000 et un million de volts, les molécules de l'air ambiant (ou, plutôt, celles de l'éther radiant qui pénètre tous les corps) subissent 400.000 vibrations par seconde et au moins le même nombre de chocs moléculaires ; dans ces conditions, elles ne peuvent manquer d'être rapidement portées à l'incandescence, et l'on a sous les yeux une flamme sans aucun phénomène de combustion, flamme peu lumineuse et peu chaude, sans doute, mais flamme réelle, cependant, du moins comme fantôme ; flamme qu'on peut voir, mais non toucher, sinon dans certaines conditions encore peu connues, qui ne peut être détruite que par la suppression du flux de forces qui lui donnait l'être, et dont la disparition ne laisse aucune trace.

Ne sont-ce pas là les principaux caractères des revenants des contes populaires ? Et n'est-il pas étrange de voir, en cette fin de siècle si sceptique, un savant absolument positif, et d'une imagination certainement peu exaltée, donner confirmation des légendes du folk-lore et des mythes des différentes religions ? Tout le monde comprendra l'importance énorme de ces découvertes au point de vue spécial qui nous occupe, et boule se trouvera dans des conditions d'équilibre de plus en plus instable ; car, d'un côté, la différence des polarités s'accentuant, l'attraction entre les molécules du corps lumineux et les molécules ambiantes deviendra plus forte ; et, d'autre part, l'augmentation de la température et de la vitesse moléculaire exercera

nous pensons qu'on nous saura gré d'en avoir parlé avec quelque extension.

Le lecteur ne doit pas ignorer, cependant, que l'hypothèse de la matière radiante n'est pas admise par tous les physiciens ; on lui oppose, notamment, celle des *rayons cathodiques*, rayons d'une nature spéciale, qui seraient projetés par la *cathode* ou électrode négative. De très belles expériences viennent d'être faites en Allemagne par M. Lenard pour démontrer la réalité de ces rayons cathodiques et la non-existence de la matière radiante. Le fait principal est celui-ci : le tube à vide dans lequel se produit l'*effluve* rectiligne est fermé à l'une de ses extrémités par une feuille mince d'aluminium (2 à 3 millièmes de millimètre), sur laquelle vient tomber cet effluve ; dans ces conditions, on constate que le rayon se propage à l'air libre, mais à une distance peu considérable (deux centimètres et demi, au maximum) et non plus en droite ligne, mais bien sous forme de pinceau s'irradiant de tous côtés. M. Lenard en conclut que, la matière ne pouvant pas traverser la plaque d'aluminium, le phénomène ne consiste qu'en une vibration qui se propage d'un milieu dans un autre milieu, à travers un *septum*, à peu près comme fait le son qui, du dehors, peut parvenir dans une chambre fermée, après avoir fait vibrer les vitres de la fenêtre et, par leur intermédiaire, ébranlé l'air intérieur. Un nombre considérable d'expériences fort remarquables appuie cette conclusion ; nous pensons, cependant, qu'elle n'est pas absolument exacte, et il nous paraît très vraisemblable que, si l'on reprenait ce travail dans un ordre d'idées un peu différent, on pourrait facilement constater le transport, à travers le septum, des molécules matérielles à l'état radiant une action de plus en plus répulsive sur ces mêmes molécules ambiantes qui sont attirées par une polarité contraire, et produira une tendance de plus en plus marquée à la dissociation des molécules de l'éclair même ; comme résultat, accroissement de la pression de l'éclair contre l'air ambiant et de l'air ambiant contre l'éclair. Par le fait même du moindre mouvement et de la plus basse température des molécules dont il est composé, l'aérosôme tend à un équilibre du plus en plus stable ; car, d'un côté, la lenteur des mouvements moléculaires permet aux molécules ambiantes de pénétrer facilement dans l'aérosôme, et, d'autre part, plus ces *entrées* sont nombreuses, plus la masse de l'aérosôme s'accroît, plus sa négativité s'accentue par rapport au milieu ambiant, plus, par conséquent, il devient attractif pour les molécules de ce milieu ambiant ; il en résulte un accroissement de densité au centre même de l'aérosôme ; mais, comme toutes ces molécules négatives se repoussent entre elles, un courant de dissociation s'établit bientôt, opposé au courant d'assimilation, mais primitive-

contenues dans le tube. Les expériences de N. Tesla ne peuvent que nous confirmer, jusqu'à nouvel ordre, dans cette manière de voir ; et l'existence des rayons cathodiques ne nous semble pas incompatible, au contraire, avec celle de la matière radiante. Nous serions même disposé à admettre que l'une ne va pas sans l'autre.

ment *moindre* comme rapidité et comme quantité de molécules entraînées ; donc attraction des molécules ambiantes par l'aérosôme, puis restitution des molécules de l'aérosôme au milieu ambiant ; d'où, en définitive, établissement d'une succession alternée de mouvements opposés, et maintien de l'équilibre de l'aérosôme.

L'éclair en boule ne pouvant plus, par suite des circonstances étudiées précédemment, admettre ni restituer aucune nouvelle molécule, et se trouvant, du reste, en équilibre instable, il suffit de la moindre cause pour en provoquer la destruction ; dans le voisinage d'un point du milieu ambiant où le potentiel sera un peu différent, soit en plus, soit en moins, l'éclair laissera, dans le premier cas, pénétrer en lui les molécules ambiantes ; dans le second, ses propres molécules s'échapperont avec énergie vers le point moins électrisé ; dans les deux cas, il y aura décharge disruptive du centre de forces et dispersion violente de la somme immense de mouvement concentrée sur un point. La stabilité croissante de l'équilibre de l'aérosôme, stabilité due à l'établissement des courants d'assimilation et de désassimilation, et à la grande densité dudit aérosôme, entraîne, fatalement, le centre de force qui l'anime à s'incarner, c'est-à-dire à agir sur la matière tangible, et non plus seulement sur la matière radiante et gazeuse. Nous étudierons plus loin en détail le mécanisme de l'incarnation et ses conséquences.

VI

D'après les considérations qui précèdent, on peut essayer de deviner quelques-unes des conditions d'existence de ces *potentialités d'êtres*, et chercher à se faire une idée scientifique et positive de certains des phénomènes dont s'occupe l'occultisme dans ses diverses branches : spiritisme, magie, théurgie, etc.

Recherchons d'abord, dans les renseignements fournis par ceux qui ont été à même de les étudier directement, les possibles propriétés physiques de ces élémentaires entités du monde astral (1), et soumettons ces renseignements au critérium des déductions très strictes que nous avons essayé de tirer, par un

(1) On sait que les philosophes occultes divisent l'univers en trois *mondes* ou *plans* : les mondes divin, humain, naturel ; ou des principes, des lois, des faits ; ou encore des forces, des fluides et des corps ; c'est cette dernière division que nous adoptons en cette étude toute physique, intentionnellement ; et, pour nous, fluide astral est synonyme d'éther, de matière radiante, etc. Nous renvoyons encore le lecteur à la *Matière des Œuvres Magiques*, dont le présent travail est une suite.

procédé rigoureusement logique, d'hypothèses basées sur des faits et des lois bien connus.

Parmi les modernes, ceux qui se sont le plus sérieusement et le plus complètement occupés de la question sont Éliphas Lévi et Sir Edward Bulwer Lytton (dans la famille de qui Éliphas Lévi fit sa célèbre évocation d'Apollonius de Tyane). Des travaux de ces deux profonds chercheurs (1), dont le second ne fut romancier *que pour la forme*, on peut extraire les observations suivantes, qui résument le mieux l'opinion de tous les maîtres de l'occulte :

« Il existe des êtres incomplets, mais néanmoins puissants ; qui, le plus souvent, sont invisibles, mais peuvent cependant apparaître, dans certaines conditions, sous des formes vagues, indécises, monstrueuses, horribles presque toujours, et assez facilement changeantes ; on les désigne sous le terme générique d'*élémentals* ;

« Les élémentals sont des embryons d'âmes animales ou humaines (2) ; ils ne sont pourtant pas de la même nature que les âmes, même animales, étant : I° mortels ; II° soumis presque entièrement à la fata-

(1) Voir, notamment : Éliphas Lévi : *La Science des Esprits, Dogme et Rituel de haute Magie, La clef des grands Mystères, Le livre des Splendeurs, etc.*; E. Bulwer Lytton : *Zanoni, la Maison hantée, etc.*

(2) Il y a des occultistes qui ne partagent pas cet avis.

lité des forces physiques; III° privés non seulement de la raison qui fait l'homme, mais encore de l'affectivité, de la volonté et de la plupart des instincts qui font les animaux, au moins les animaux supérieurs ;

« Les élémentals tendent de tout leur pouvoir à une vie physique, plus ou moins analogue à celle du corps humain; aussi sont-ils puissamment attirés par tous les corps qui peuvent leur permettre de se manifester à cette vie, ne fût-ce que temporairement : cadavres humains ou animaux, sang fraîchement versé, lait, sperme, excréments, etc., mais surtout par les corps organisés vivants dont l'âme est momentanément partie pour une cause ou pour une autre, telle que : ivresse, extase, épilepsie, léthargie, somnambulisme, extériorisation totale ou partielle par l'hypnose ou la médiumnité, etc. ; certaines personnes affirment que les larves (nom d'une espèce particulière d'élémentals) sont aussi attirées par l'aimant ;

« Les élémentals peuvent se fixer à un corps vivant, se nourrir de ses forces, de sa substance, et l'épuiser au point d'en amener la mort ; il existe, aussi, des cas où, sans se fixer à un corps, ils s'habituent à s'attaquer périodiquement à lui, toutes les nuits, par exemple, ou seulement dans tel ou tel endroit spécial ;

« Les élémentals, composés d'un corps astral et d'une âme qui est le centre de forces auquel est soumis cet aérosôme, peuvent être considérés comme possédant aussi un esprit, lequel serait une pensée dont les vibrations, directrices mais non motrices, auraient été modifier le rythme de celles du centre de forces et, sous l'influence de ces forces motrices mais non directrices, se répéteraient, indéfiniment identiques à elles-mêmes, tant qu'une cause étrangère ne sera pas venue les modifier de nouveau ; ce rudimentaire esprit élémental peut agir sur les cerveaux animaux et humains par une sorte d'induction ; par exemple, partout où passera un élémental ayant pour esprit une pensée de suicide, les hommes songeront aussi au suicide ;

« Cette action des élémentals ne se produit pas avec une égale intensité sur tous les hommes ; un homme dont le centre moteur est vigoureux, dont le principe directeur est puissant, ne subira, de la part des élémentals, qu'une induction faible et passagère ; au contraire, un individu dont la moralité et l'intellectualité seront peu élevées pourra être très puissamment influencé par les élémentals. Or, puisqu'il est hors de doute que les troubles physiologiques (débilité congénitale ou accidentelle, puberté, menstruation, grossesse, névroses, etc.) ont une action marquée sur les fonctions morales et intellectuelles, il est également hors de doute que les personnes qui souffrent de ces troubles physiologiques sont plus exposées que les autres à subir l'influence des élémentals, et, parmi ces personnes, surtout celles dont les accidents internes se compliquent de pertes de sang, de sperme ou autres humeurs ;

« Tout ce qui peut affaiblir l'homme, soit au point de vue physique, soit au point de vue moral, soit au point de vue intellectuel, l'expose donc plus ou moins à devenir la proie des élémentals ; une maladie, une émotion trop vive, une mauvaise action, une pensée déprimante (désespoir ou remords), tendent à le mettre *en état de réceptivité* par rapport aux microbes du monde astral ;

« Il est donc toujours dangereux, pour ceux qui ne sont pas certains de posséder une immunité absolue à la contagion, de s'exposer à subir cette contagion en fréquentant les lieux ou les gens contaminés, et, à plus forte raison, en se livrant à des expériences d'évocations qui favorisent l'intrusion des élémentals, d'abord parce qu'on les appelle, puis parce que, pour les faire venir, on est *forcé* par la nature même du phénomène de s'extérioriser, au moins partiellement, c'est-à-dire de s'affaiblir.

« L'influence élémentale peut aller jusqu'à la possession bien caractérisée, surtout quand l'induction d'esprit à esprit se complique d'union d'aérosôme à aérosôme, c'est-à-dire quand, au parasitisme intellectuel, se joint le parasitisme *astro-corporel ;*

« Le *seul* remède possible contre la possession, ou accidents analogues, est donc l'augmentation de la vigueur physique, morale et intellectuelle du possédé ; mais l'intensité des forces morales et intellectuelles est bien plus avantageuse que celle des forces physiques (1) ;

« Cependant il arrive, le plus souvent, que le possédé ou l'obsédé, à quelque degré qu'il le soit, n'a pas assez d'énergie pour se débarrasser lui-même de son parasite ; dans ces conditions, l'action d'un tiers peut être efficace, si ce tiers joint, à une grande vigueur morale et intellectuelle, une grande puissance d'extériorisation qui lui permette de pénétrer en corps astral dans l'aérosôme possédé, d'en arracher le parasite, puis de rentrer en lui-même après avoir toutefois abandonné une partie de sa force au possédé. A défaut d'extériorisation de l'exorciste, l'induction qu'il produit

(1) Il y a, en effet, des hommes très robustes de corps, mais débiles d'esprit, qui ont été possédés ; tandis que d'autres qui, comme le vénérable curé d'Ars, étaient exposés par leur faiblesse, leur névrose, leurs extases, aux attaques les plus violentes des élémentals, ont pu néanmoins, par leur grande moralité ou intellectualité, se garantir de la possession.

peut encore avoir un heureux résultat ; mais il faut alors, toutes choses égales, d'ailleurs, que l'énergie dont il dispose soit beaucoup plus grande que dans le premier cas. Enfin, on peut aussi essayer de fixer d'abord l'élémental par le sang et l'aimant, puis de le détruire, soit par l'action d'une pointe, soit par tout autre moyen approprié ;

« A l'approche des élémentals, la terreur paralyse tous les mouvements ; les membres se glacent et se raidissent ; la sueur perle au visage, gluante et froide ; la gorge se serre, la langue se contracte au fond du gosier ; la bouche, grande ouverte, ne laisse échapper aucun son ; tous les poils du corps se hérissent ; on n'a même plus la force de trembler, on ne respire plus ; les oreilles bourdonnent ; les yeux se vitrent et semblent vouloir sortir de la tête ; le cœur seul continue à battre, sourdement, lentement, fortement, comme le lugubre tintement d'un glas qui se ralentit et meurt ; on n'a plus qu'une seule idée : fuir, fuir, fuir le plus vite, le plus loin possible ; mais on ne peut pas, on n'ose pas ; on reste là, cloué, misérable, plein d'une angoisse sans nom, d'une épouvante qui ne se peut décrire. Parfois, on sent des attouchements vagues, gluants, comme des tentacules de pieuvres, qui vous sucent ; on se sent aspiré, vidé, pompé par tous les pores de la peau ; la vie s'échappe, le sang se coagule, les idées se brouillent, la tête est horriblement lourde, les jambes s'engourdissent..., on ne sent plus rien que, parfois, des attouchements vagues, gluants... Et, dans l'ombre qui gagne le cerveau, on perçoit des formes..., formes de cauchemars, fuyantes et terribles ; formes pleines de hideur et d'effroi ; formes où passe l'ombre des vices innommés et des hontes inouïes ; formes qui projettent un éclair obscur sur les potentialités du mal et de la fange la plus vile ; formes émanées en méphitiques vapeurs du plus bas de cet abîme qu'est le cœur humain...

« Tous nos appétits les moins avouables, toutes les ignominies des sexualités en rut, toutes les conceptions lâches des délirantes terreurs, toutes les criminelles folies, toutes les fureurs carnassières des haines sont là, reflétées par les fantômes qui se polarisent en une chose... oh ! comment dire ?... On croirait deux yeux, deux yeux comme morts, plus que morts, deux yeux qui vous regardent loin, très loin dans le fond de l'âme, deux yeux qui vous sucent, qui vous aspirent tout entier ; deux yeux immobiles et sans expression, qui ont comme des bras, de longs bras noirs et flasques, très puissants, qui sont longs et vagues, qui traversent les murailles et les meubles, qui vous envoultent très doucement de leur étreinte mortellement glacée, et visqueuse, et répugnante... Oh ! ces bras d'ombre, ces bras terribles, qui s'effilochent et s'étendent comme des linceuls noirs, comme des nuages lourds de choses monstrueuses et incompréhensibles !.. Oh ! ce froid qui rampe comme un reptile immonde !.. Oh ! cette terreur qui vous enveloppe comme d'un manteau de plomb !.. Ces choses molles, et collantes, et fades qui vous touchent partout !..

« Si, par un effort suprême de la volonté, on ne parvient pas à dominer ces impressions, on est perdu ; la mort la plus épouvantable qu'on puisse imaginer vous dévore tout vivant.

« C'est l'ensemble personnifié des élémentals entraînés par les deux grands courants de lumière astrale qu'on désigne sous le nom de *Gardien du Seuil* des mondes inférieurs ; c'est le spectre glacé que tout d'abord doit vaincre le futur mage, c'est la Bête immonde et redoutable qui se manifeste en nous par les vices et les passions et qui nous empêche d'approcher des Mystères de la Vie et de la Mort ; c'est le Cerbère triceps de l'antiquité grecque, qui gronde aux approchants, qui déchire ceux qui reculent ; c'est la Matière inerte, l'aveugle Force physique, le Vice humain ; c'est le Satan catholique, le Nahash de la Kabbale, l'Inconscient inférieur des modernes philosophes ; c'est la personnification du Mal — cette absurdité —, du Néant — ce non-sens —, de l'Ombre — cette impossibilité.

« C'est la Vie qui s'essaie et dévore les vivants ; c'est le Bien qui s'ouvre une route à travers les maux ; c'est la Lumière qui, péniblement, gicle des ténèbres ; c'est l'ébauche des futures créations, le germe incoordiné des mondes à naître, la première étape sur la route de l'éternel devenir. »

VII

Tels sont, en substance, les points principaux de la doctrine occulte sur les élémentals. Voyons si ces enseignements cadrent avec les hypothèses que nous avons construites sur l'étude positive de la foudre globulaire ; car nous ne sommes plus au temps où la parole du maître tenait lieu de preuve et passait pour vérité indiscutable, dès qu'il s'était prononcé. Le fait seul peut avoir quelque autorité pour nous et, à défaut du fait que nous recherchons encore en ces études, le raisonnement logique qui nous permettra peut-être de découvrir le fait lui-même ; l'expression mathématique des lois qui gouvernent ce fait et lui donnent sa consécration scientifique officielle viendra sans doute ensuite.

La première affirmation que nous avons reproduite est que les élémentals sont des êtres incomplets, mais puissants.

Cela ressort clairement du mécanisme de leur formation. Si l'on entend par *être* un tout plus ou moins concret, dont chaque partie concourt au but commun et dont l'ensemble subsiste par lui-même dans les conditions de sa vitalité propre, l'aérosôme élémental et l'éclair en boule lui-même sont bien des êtres, mais combien rudimentaires et combien incomplets ! L'éclair ne peut subsister que quelques minutes au plus, et l'existence de l'élémental, exposée à mille accidents mortels, ne se maintient que grâce à cette primitive fonction que manifestent les courants d'assimilation et de désassimilation. Toutefois, à cause du grand nombre de molécules que peut contenir un aérosôme et de la somme considérable de force vive qui accompagne ces molécules, ces deux grands courants peuvent acquérir une importance énorme et donner lieu à des phénomènes non seulement fort sensibles, mais même dangereux. N'a-t-on pas vu l'éclair en boule, être beaucoup plus rudimentaire que l'élémental, produire des décharges d'une énergie incalculable? Au reste, on comprend assez qu'un ours ou un rhinocéros, bien qu'inférieurs à un singe ou à un homme, comme organisme, puissent avoir une force physique plus considérable, pour qu'il ne soit pas nécessaire d'insister plus longuement sur cette remarque.

La visibilité des élémentals, est, nous l'avons dit, négative, puisque leurs mouvements moléculaires sont moins rapides que ceux du milieu ambiant. Ils deviennent visibles par incandescence, comme les éclairs en boule ; mais cette incandescence ne peut pas leur être intérieure, ne peut se manifester dans toute leur masse ; car, dans ce cas, toutes leurs molécules entrant en vibrations plus rapides que celles de l'air ambiant, ils cesseraient d'être des élémentals pour se changer en éclairs en boule et éclater au bout de peu d'instants ; leurs conditions de formation et de vitalité s'opposent à la visibilité par incandescence dans la masse. Mais on peut supposer sans inconvénients que cette incandescence ne se manifeste qu'à la surface, et, préférablement, aux parties les plus saillantes de leur *corps*, lorsque des molécules étrangères sont projetées vers eux *en grand nombre et avec une grande vitesse*. Étant, en effet, animées d'une grande vitesse, ces molécules ne peuvent se mettre à l'unisson des vibrations moléculaires plus lentes de l'aérosôme ; elles ne peuvent non plus traverser cet aérosôme dont la densité est trop considérable pour leur faible masse ; elles sont donc forcément rejetées, ayant *rebondi* à la surface du corps élémental ; mais, en revenant sur leurs pas, avec une vitesse encore grande, elles rencontrent d'autres molécules arrivantes, et, du choc qui se produit entre elles, assez de chaleur se manifeste pour les rendre incandescentes l'une et l'autre. Il est facile de comprendre que, plus il y a de molécules incandescentes à la surface d'un élémental, plus cet élémental est visible ; et l'on se rend également compte que les points les plus fortement polarisés de la surface de l'élémental, ceux où la tension positive ou négative (1) est plus forte, c'est-à-dire les parties saillantes, attirent davantage les molécules projetées et sont, par conséquent, plus lumineuses.

Cette question des saillies de l'aérosôme nous conduit naturellement à parler des formes qu'il peut prendre. Très dense parce qu'il est composé d'un grand nombre de molécules, et très mou par la double raison que ces molécules, toutes polarisées négativement, tendent à se repousser mutuellement, et que leur peu de mouvement ne leur donne pas même cette viscosité apparente si remarquable dans les champs magnétiques intenses, l'aérosôme ne peut être que très plastique, mais d'une plasticité lourde et gluante analogue à celle de la vase à demi putréfiée des marais. Qu'on joigne à cela la mobilité et l'isolement de l'élémental dans le milieu ambiant, et l'on verra qu'il suffit du moindre courant d'air, de la plus faible vibration extérieure pour modifier la forme sphérique qu'il tend naturellement à prendre, de

(1) On peut comprendre, par cette expression, assez dépourvue de sens en électricité, que nous ne l'employons qu'à titre de simple comparaison.

même que l'éclair globulaire ; on ne peut mieux comparer, à ce point de vue, les corps astraux dans leurs premières périodes qu'aux tourbillons de fumées que certains fumeurs savent produire avec une grande habileté, et qui ont été le point de départ des belles études du regretté professeur Helmholtz sur les anneaux-tourbillons (1). Il est même très probable

(1) Pour l'étude physique des phénomènes occultes, les anneaux-tourbillons de Helmholtz sont au moins aussi importants à connaître, à notre avis, que les fantômes de flammes de Tesla. Nous allons donc en dire quelques mots. Voici le procédé très simple qui permet de les étudier : on construit une caisse dont une des faces verticales est constituée par une toile fortement tendue et dont la face opposée est percée en son milieu d'un trou circulaire ; à l'intérieur de cette caisse on produit, par un moyen quelconque, des fumées abondantes, par exemple, en mettant en présence, dans deux vases séparés, de l'acide chlorhydrique et de l'ammoniaque ; on doit avoir soin, d'ailleurs, d'opérer dans une pièce soigneusement abritée de tout courant d'air. Les choses étant ainsi disposées, si l'on donne un coup sec sur la toile, on voit sortir par le trou opposé une masse de fumée qui prend, dès sa sortie, si le trou est circulaire, ou un peu après, si le trou est carré, ou triangulaire, rectangulaire, etc., la forme d'un tore régulier progressant en ligne droite dans la prolongation de l'axe du trou. En examinant attentivement ce tore, on ne tarde pas à reconnaître qu'il tourne sur lui même comme pourrait le faire un anneau de caoutchouc, de section circulaire, roulant en avançant le long d'un cylindre dont il embrasse exactement la circonférence ; ainsi, chaque molécule de fumée dont ce tore est composé accomplit, autour de l'axe circulaire du tore, un mouvement de translation dirigé du bord intérieur au bord extérieur en passant par le plan postérieur, et du bord extérieur au bord intérieur en passant par le plan antérieur. Il est même probable que ce mouvement de translation de chaque

que beaucoup d'élémentals affectent la forme d'anneaux-tourbillons dans la seconde période de leur existence, c'est-à-dire quand le centre de forces qui constitue leur âme est assez puissant pour vivre par lui-même sans trop craindre les causes extérieures de destruction. Mais, sphérique ou annulaire, par le fait

molécule se complique d'un mouvement en spirale, de sorte qu'une molécule considérée ne revient pas exactement au point d'où elle était partie, mais progresse dans un certain sens, toujours le même, de façon à embrasser, au bout d'un certain temps, toute la surface du tore en une succession de spires se répétant indéfiniment, jusqu'à épuisement complet de la somme de force vive que contient le système. (Voir fig. 1.)

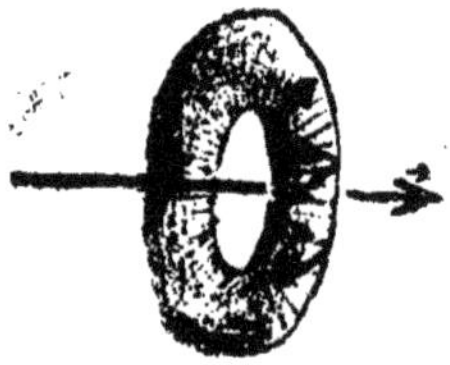

Fig. 1.

En outre de la complexité de leurs mouvements, la propriété la plus remarquable de ces tores est leur insécabilité ; ils fuient devant un obstacle, ils se déforment, ils s'allongent, mais ils ne se laissent pas entamer et, poursuivant leur course, ils se reforment dès que l'obstacle est franchi ; ce sont donc de véritables *atomes*, au sens étymologique du mot : ils sont indivisibles autant qu'impénétrables. Et, comme cette impénétrabilité n'est pas due, certes, à la cohésion de leurs molécules constitutives, qui sont gazeuses, on ne peut l'attribuer qu'aux mouvements moléculaires ; c'est encore une confirmation et bien remarquable de ce fait que le *mouvement donne l'illusion de la solidité*. Nous verrons plus loin une application de ce principe, à propos de certains des phénomènes que peuvent produire les élémentals. Contentons-nous, pour le même de sa plasticité molle, l'élémental est dépourvu de toute élasticité ; il conserve donc passivement la forme qui lui est imprimée, tant qu'une nouvelle action extérieure ne vient pas modifier le résultat de la première action intervenue.

Supposons que les vibrations d'une pensée quel-

moment, de constater le fait, et remarquons que, dans le cas où un anneau-tourbillon viendrait à rencontrer un obstacle infranchissable, tel qu'une cloison, il se détruirait sans doute, si sa provision de force vive était épuisée ; sinon, il rebondirait certainement et reviendrait sur ses pas, tous ses mouvements moléculaires s'accomplissant alors en sens inverse ; telle une balle lancée contre un mur.

Une autre particularité extrêmement remarquable est la façon dont se comportent deux anneaux-tourbillons projetés hors de la boîte peu de temps l'un après l'autre. Le premier projeté, animé d'abord d'une vitesse initiale relativement grande, se ralentit bientôt, par suite des frottements considérables contre l'air ambiant ; supposons qu'il parcoure dans la première seconde de sa course une longueur que nous représenterons par 100 ; que, dans la deuxième seconde, il ne parcoure qu'une distance moitié moindre, soit 50 ; dans la troisième : 25 ; dans la quatrième : 12, 5 ; dans la cinquième : 6, 25 ; etc. (Ces chiffres ne sont donnés que comme points de repère, et ne représentent pas exactement la progression décroissante de la vitesse de translation des anneaux de Helmholtz.) Le second anneau, projeté deux secondes, par exemple, après le premier, se trouvera, après la troisième seconde de l'expérience, à une distance = 100 de la boîte, et à une distance = 75 du premier anneau, qui est alors éloigné de la boîte d'une longueur 100 + 50 + 25 = 175 ; au bout de la quatrième seconde, la distance entre les deux anneaux ne sera plus que de 37, 5 ; au bout de la cinquième, de 18, 75, etc. Les deux anneaux se rapprochent donc rapidement l'un de l'autre ; mais, dès qu'ils ne sont plus qu'à une courte distance, ils s'attirent, sans doute en vertu de la direction contraire des conque, ou toute autre cause, aient donné à un élémental la forme plus ou moins grossière d'une tête de bouc, qu'il vienne ensuite à recevoir l'impression d'une tête d'homme ; il conservera des traces profondes de l'une et l'autre action, et un diable sera créé, portant, sur une tête mi-humaine, mi-animale,

mouvements moléculaires des deux plans opposés, — le plan postérieur du premier anneau et l'antérieur du second, — et l'on voit le premier anneau se ralentir plus que ne l'exige la progression décroissante de sa vitesse, l'épaisseur du tore s'amincir, le diamètre du vide intérieur s'accroître dans des proportions énormes, tandis que le second anneau se contracte, s'épaissit et précipite sa course, si bien qu'il finit par passer au travers du premier, comme ferait une balle au travers d'un cerceau. S'ils ne s'attirent pas alors, s'ils ne se fusionnent pas en un tout homogène, malgré les mouvements inverses des molécules du bord externe de l'anneau central et des molécules du bord interne de l'anneau extérieur, c'est, vraisemblablement, que la différence des vitesses est alors trop considérable.

L'anneau projeté le second se trouve donc alors devant le premier sorti de la boîte ; mais, en vertu de leur élasticité, ils reprennent bien vite l'un et l'autre leurs proportions premières, et, comme ils continuent à progresser dans le même sens et sur le même axe, suivant la même loi qui tend à les rapprocher, les mêmes phénomènes doivent fatalement se reproduire ; le second anneau, qui était passé premier, se ralentit, s'amincit, s'élargit, et le premier, contracté, épaissi, se précipite à travers l'ouverture agrandie du second, et reprend son rang ; puis le second redevient premier, et ainsi de suite, tant qu'il leur reste un peu de force vive.

Par elle-même, cette manœuvre, qui rappelle un peu le jeu de saut-de-mouton *à la poursuite*, est fort curieuse ; mais on en peut tirer des instructions d'une importance capitale. Représentons, en effet, les uns à la suite des autres, un certain nombre d'anneaux-tourbillons dans la succession des les cornes redoutables qui sont l'insigne distinctif des compagnons de Satan le réprouvé.

positions qu'ils occupent deux à deux, comme il vient d'être dit, et joignons par une ligne les bords externes, supérieurs et inférieurs, de tous ces anneaux; cette ligne sera une double sinusoïde semblable à celle qui figure la propagation par ondulations des forces dans la théorie de Fresnel. (Fig. 2.) Elle

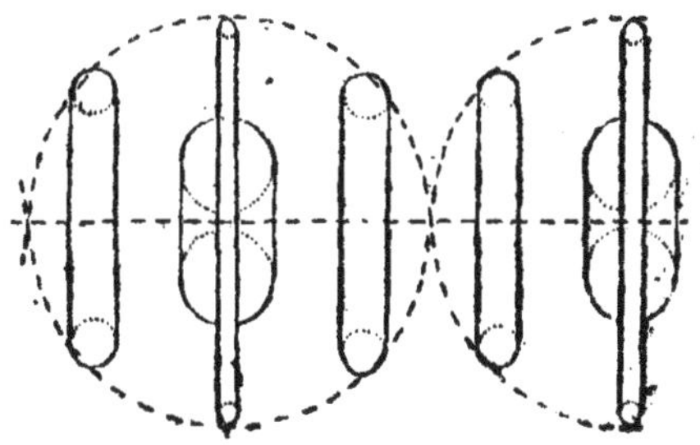

Fig. 2.

rappelle encore la succession des ventres et des nœuds d'une corde vibrante (Fig. 3), la file des gouttes grosses et petites qui tombent l'une après l'autre dans une veine liquide (Fig. 4), etc.

Fig. 3.

Fig. 4.

Nul doute qu'une personne au cerveau faible qui aura l'occasion de voir cet élémental ne soit persuadée qu'elle a aperçu un citoyen de l'enfer éternel. De fait, c'est bien un être appartenant aux mondes inférieurs *(infera)*; et son action sur ce cerveau faible est loin d'être négligeable : puissamment polarisé par une vibration de mauvaise nature, l'élémental ne peut produire qu'une action mauvaise sur un être *inductible*, c'est-à-dire en état de réceptivité, parce qu'il est faible ; et, par réaction, le cerveau induit produit une pensée analogue dont les vibrations viennent encore fortifier la polarisation de l'élémental (1).

Bien que, tels quels et en l'absence de la consécration du calcul, ces rapprochements ne prouvent pas grand chose, il nous a, néanmoins, paru fort utile de les faire, parce qu'ils font entrevoir la possibilité de trouver un jour la loi unique qui régit les transformations des corps en progression ; ils permettent de soupçonner une relation étroite entre la théorie de l'émission et celle des ondulations, entre l'hypothèse de la matière radiante et celle des rayons cathodiques ; qu'on admette, en effet, que, dans les expériences de Crookes, de Tesla et de Lenard, les atomes physiques, les plus petites particules de la matière (éther ou gaz raréfiés) se réunissent, sous la *poussée* (? !) de l'électricité, en atomes mécaniques, comme les anneaux-tourbillons de Helmholtz, rien n'empêcherait de considérer la file de ces anneaux comme un véritable rayon ondulatoire pouvant se transmettre aux molécules, aux atomes, aux monades de l'air ambiant, soit par convection — à travers le septum — des molécules contenues dans le tube à vide, soit par vibration mécanique de ce septum, soit par la réunion des deux causes.

(1) Voir notre ouvrage : *Magnétisme, Hypnotisme, Somnambulisme*, chap. IX. La vision du passé et de l'avenir.

Tout au contraire, un cerveau sain et vigoureux (bon ou mauvais, peu importe) ne subira pas l'induction de l'élémental, ou ne la subira que très peu ; il pourra même lui imprimer une polarisation nouvelle, un rythme vibratoire autre que celui qui l'animait jusqu'alors, et, par cet influx, lui donner une forme en rapport avec la nature de ses pensées puissantes.

Cependant, il est à remarquer qu'en raison de leur état *sub-animal*, les élémentals ne peuvent guère avoir d'affinité pour un homme d'une moralité et d'une intellectualité élevée ; ils en subiront donc rarement l'influence, et cette influence leur sera le plus souvent pernicieuse, ou même mortelle ; l'intelligence est, en effet, une puissance active qui va où elle veut, comme elle veut, quand elle veut, et qui communique son activité à tout ce qu'elle aborde ; or, les élémentals sont polarisés trop passivement pour ne pas souffrir de vibrations émises en mode actif. De même, entre deux corps électrisés à des tensions très différentes, il ne peut se produire qu'une décharge disruptive et destructrice. Mais si l'âme humaine présente quelque passivité (absence de moralité ou d'intelligence, de volonté ou de raison), comme cette passivité *réalisée* est positive par rapport à la passivité *potentielle* des élémentals, les vibrations émanées de l'élémental peuvent être considérées comme appartenant au même ordre de grandeur, et il y a attraction entre les deux aérosômes. L'élémental peut alors recevoir un surcroît de forces, au détriment de l'homme, et ces forces nouvelles se traduiront pour lui soit par une accélération de son rythme vibratoire, soit par une modification de sa forme.

Quand aux forces physiques ambiantes, elles agissent avec la plus grande facilité sur les élémentals ; elles sont la source même de leur vie normale. L'électricité, la chaleur, la lumière, le son, le magnétisme font vivre les élémentals. Toutefois, ces entités rudimentaires semblent souffrir d'une action trop intense, et l'on a remarqué que les expériences de spiritisme réussissent mieux dans l'obscurité ou dans la demi-obscurité, par une chaleur modérée (20 à 25° C), dans une salle silencieuse ou avec une musique monotone, douce, lente, mélodique, telle que celle de l'harmonium ou du violoncelle, et par une tension électrique approchant de celle qui permet l'obtention des effluves, mais non pas de l'étincelle. A ces conditions, on peut ajouter la projection de vapeurs denses, telles que celles de l'éther, qui constituent un milieu favorable à la formation des aérosômes. Mais il faut se garder d'opérer par un temps humide, l'eau étant un excellent dissolvant, comme on sait, des gaz, en général, et, par suite, des aérosômes (1). D'ailleurs, nous étudierons plus loin les conditions d'expérimentation les plus favorables.

(1) Voir *La Photographie spirite*, par M. Lecomte, dans *Paris-Photographe.*

VIII

Les élémentals sont, avons-nous dit, d'après certains occultistes, des embryons d'âmes animales ou humaines, le mot *âme* s'entendant toujours du *centre de forces* qui fait vivre chaque être. Cette assertion est le point de départ d'un système de transformisme analogue et parallèle à celui de Darwin.

L'occultisme n'est pas, en effet, une philosophie, une science, ni une religion ; c'est une formule synthétique embrassant toutes les philosophies, toutes les religions, même l'éclectisme, le matérialisme et le mysticisme (1) ; chacun peut donc interpréter librement cette formule universelle qui se plie à toutes les interprétations, suivant certaines règles bien fixes.

On ne doit donc pas s'étonner de trouver dans

(1) Il y a d'autres formules synthétiques que l'occultisme; par exemple : la kabbale, la théosophie, le catholicisme, le brahmanisme, les systèmes dits *polythéistes* des Assyriens, des Incas, des Égyptiens, des Grecs, etc. Toutes ces formules ont les mêmes bases et ne diffèrent que par leur expression, qui varie suivant les besoins des civilisations et des époques.

l'occultisme une théorie semblable au darwinisme. Personnellement (nous n'avons ni l'autorisation ni le désir d'assumer la responsabilité des opinions d'autrui), nous croyons même que le transformisme darwinien ne peut s'expliquer que comme conséquence de l'ascension des élémentals sur l'échelle des êtres, et les deux phénomènes nous semblent concomitants ; c'est-à-dire que, de même que les organismes corporels peuvent procéder les uns des autres, de même les organismes animiques peuvent aussi procéder les uns des autres ; mais, en même temps, chaque corps en particulier procède de l'âme qui vit en lui, et, réciproquement, par réaction, chaque âme voit se réaliser le développement de ses facultés, par suite des nécessités du corps dans lequel elle vit. Ceci n'est pas une théorie, encore moins une doctrine ; ce n'est qu'une vue strictement personnelle. Nous ne nous lasserons pas de le répéter : dans l'état actuel de la science, nous ne voulons et ne croyons pouvoir émettre que des *hypothèses*, hypothèses aussi logiques qu'il nous est possible, vérifiables, — nous le souhaitons, — mais à vérifier par l'expérience, qui *seule* peut les sanctionner ou les infirmer. Nous exprimons simplement ce qui nous paraît vraisemblable, ce qui nous paraît conciliable avec les données exactes de la science positive ; mais nous ignorons si c'est vrai, et, par conséquent, nous ne pensons pas que personne, — et nous-même moins que tout autre, — puisse se croire autorisé à admettre nos déductions comme l'expression de la réalité des choses, tant que le fait ne nous aura pas donné raison.

Toutefois, la question est assez intéressante pour que nous en proposions une explication, et c'est, croyons-nous, par l'étude du phénomène de l'incarnation que le problème peut être résolu.

Le mécanisme de l'incarnation repose, vraisemblablement, d'une part, sur la densité considérable que peut atteindre l'aérosôme de l'élémental, et, d'autre part, sur l'établissement des courants d'assimilation et de désassimilation dans cet aérosôme même.

Des considérations précédemment étudiées, on a pu facilement déduire que l'élémental, dans les premiers temps de son existence, était inapte à produire une induction bien considérable sur les aérosômes voisins ; en effet, le nombre des molécules qui le composent étant alors peu élevé, il ne peut disposer que d'une somme de force vive relativement insignifiante. De plus, ces molécules peu nombreuses sont aussi peu denses et, par conséquent, l'élémental, n'ayant qu'une faible puissance et qu'un faible poids, ne peut exercer qu'une action négligeable sur les aérosômes voisins, c'est-à-dire, en somme, qu'il a, pour eux, peu d'affinité, car, réciproquement, il échappe assez facilement à leur action ; quant aux corps tangibles, ils n'ont pour lui importance que par l'aérosôme dont ils sont entourés (1) ; en tant que solides, ils sont, presque tous, à son égard comme s'ils n'étaient pas ; leur nature est trop différente de la sienne ; les liquides sont généralement moins négligeables, à cause de la propriété qu'ils possèdent de dissoudre les gaz, et aussi parce qu'ils émettent plus facilement des vapeurs plus abondantes, c'est-à-dire parce qu'ils ont un aérosôme plus considérable.

Mais, au fur et à mesure que l'élémental s'augmente, tout change ; sa force plus grande, quoique toujours négative, le rapproche de la matière tangible, aussi bien par le poids que par les phénomènes d'induction mutuelle ; il devient plus visqueux, il colle davantage à tout ce qu'il touche ; il tend à la solidité, à la réalisation tangible.

Un aérosôme pourrait-il donc effectivement devenir solide ?

Nous ne le pensons pas, bien que l'aérosôme soit composé de la même matière et animé des mêmes forces que les corps solides ; mais ces molécules matérielles ne sont pas unies, et ces forces n'agissent pas

(1) Voir *Matière des Œuvres Magiques.*

de la même manière sur le plan astral et sur le plan physique ordinaire.

Pour un nombre donné de molécules, les aérosômes ont moins de mouvement que le milieu ambiant, les corps physiques (1) en ont autant, et les corps de l'espèce des éclairs en boule en ont davantage ; et, de même que, d'une solution d'hyposulfite de sodium, par exemple, on ne retirera jamais que des cristaux d'hyposulfite de sodium, et non d'azotate de cuivre ou de bromure de potassium ; de même, d'un être du monde astral, on ne fera jamais qu'un être appartenant au même monde astral, mais non pas un corps physique ou un principe intellectuel ; un être astral pourra s'adjoindre un corps physique et un principe intellectuel, mais, en tant qu'être astral, il n'évoluera jamais en dehors du plan où il a été formé, à moins d'avoir été préalablement détruit comme être astral.

La solidité nous semble, en effet, être le produit de la densité par la somme de mouvement que contient un corps. Si donc on représente la densité par

(1) On comprend que nous entendons ici par *corps physiques* ceux qui sont du domaine actuel de la physique. Un jour viendra, nous n'en doutons pas, où cette science étendra ses investigations jusqu'au monde astral qui lui appartient logiquement, l'occultisme n'étant, au point de vue qui nous occupe, que l'étude des phénomènes les moins connus.

D, le mouvement par M, et la solidité par S, on peut poser les très simples équations suivantes :

Pour les aérosômes : $D > M$;

Pour les corps physiques : $D = M$;

Pour les éclairs en boule : $D < M$;

qui font voir que, quelle que soit la densité d'un aérosôme, sa solidité n'atteindra jamais celle d'un corps physique ; car, supposons,

Pour l'aérosôme : $D = 20$ et $M = 2$;

Pour le corps physique : $D = 10$ et $M = 10$;

on aura :

Pour l'aérosôme : $S = (D\ 20 \times M\ 2)\ 40$;

et pour le corps physique $S = (D\ 10 \times M\ 10)\ 100$;

D'où l'on peut tirer que, de même que le mouvement, la densité ne peut donner que l'illusion (et l'illusion partielle) de la solidité.

On pourrait penser qu'il serait suffisant d'ajouter à la masse très dense de l'aérosôme une certaine quantité de mouvement, en le chauffant, par exemple, ou en l'électrisant, pour lui donner la solidité. Ce serait une erreur, à notre avis. Les aérosômes sont faits pour vivre dans certaines conditions, et non pas dans d'autres ; jusqu'à un certain point, on peut *forcer* leur organisme ; mais, tout rudimentaire et grossier que soit cet organisme, sa résistance ne peut aller au delà de limites bien déterminées, et c'est, croyons-nous, au delà de ces limites que se trouve le point de solidification qu'ils pourraient atteindre ; ils seraient donc détruits avant d'être solides. On peut bien *forcer* une plante en la chauffant dans une serre, mais on la brûle si on la chauffe dans un four. En toutes choses, il est, comme dit saint Augustin, une question de nombre, de poids et de mesure. La difficulté, surtout dans l'étude des phénomènes occultes, est de trouver ce nombre, ce poids et cette mesure.

Revenons, maintenant, au mécanisme de l'incarnation ; le cas le plus simple nous paraît être celui où l'élémental s'unit à un minéral. On sourira peut-être à cette idée qu'un caillou puisse avoir une âme, puisse vivre ; mais, qu'on veuille bien se le rappeler, nous n'envisageons ici l'âme que comme *centre de forces*, et nous définissons la vie : un ensemble de phénomènes qui sont tous du mouvement et se réduisent, en définitive, à une simple question d'équilibre (1). Ainsi présentée, la vie des minéraux n'a plus rien, ce nous semble, de ridicule ou d'antiscientifique ; du reste, les minéraux, comme toute autre chose au monde, ne vivent que dans des conditions particulières et bien déterminées : le minerai vit dans la mine, le sel tant qu'il se cristallise, la terre tant

(1) Voir nos brochures : *On peut Envoûter*, Chamuel, éditeur; et *Magnétisme, Hypnotisme, Somnambulisme*, Guyot, éditeur.

qu'elle produit les aliments nécessaires à la nourriture des végétaux, etc.; mais le pavé dans les rues, le zinc, l'ardoise sur les toits, ou le sable au désert, ne vivent plus ; tout au plus peuvent-ils servir d'habitacles à des êtres vivants et s'imprégner plus ou moins profondément et durablement de leurs émanations spéciales.

Le phénomène le moins complexe de la vie minérale est, sans doute, la cristallisation. Il est vrai, l'on peut dire que ce phénomène est dû aux seules forces physiques : affinité, formes semblables des molécules dissoutes, capillarité (dans le cas où les cristaux émergent de l'eau-mère), etc. ; c'est possible. Mais il est certain que la cristallisation donne lieu à la production de deux courants : d'assimilation, qui attire les molécules cristallisables, et de désassimilation, qui élimine les molécules du dissolvant ; et l'on ne disconviendra pas que l'existence de ces deux courants, semblables à ceux de l'élémental, ne soit une condition favorable à sa fixation dans le minéral. Cette fixation est assurée par sa viscosité, d'abord, — résultat de sa densité, — mais surtout par l'existence de ces courants d'assimilation et de désassimilation, parallèles aux siens, et qui l'induisent, qui l'aimantent, de telle sorte qu'il ne peut plus bientôt quitter ce corps, dont la nature analogue, mais inversement polarisée, l'avait d'abord attiré.

Que fait alors l'élémental prisonnier ? Mécaniquement, puisque ce n'est encore qu'une machine, il met les forces vives dont il dispose au service de son corps minéral ; l'énergie des courants en est singulièrement augmentée ; le cristal grossit rapidement, puisant dans le riche liquide ambiant les molécules cristallisables qu'il contient, et rejetant les molécules du dissolvant, dont il n'a pas besoin ; c'est l'enfance : l'assimilation prévaut sur la désassimilation. Puis vient un moment où le liquide s'appauvrit, où la *nutrition* n'est plus si abondante ; c'est l'âge mûr : l'assimilation est égale à la désassimilation. Enfin, lorsque la concentration du dissolvant cesse d'être suffisante, l'assimilation ne se fait plus régulièrement, cesse bientôt tout à fait, et l'aérosôme, n'étant plus retenu par l'aimantation des courants physiques qui n'existent plus, ne pouvant plus utiliser ceux qui lui sont propres, l'aérosôme, disons-nous, abandonne cette matière inerte, désormais privée de vie ; c'est l'image de la vieillesse et de la mort.

Les conséquences de cette première existence sont énormes pour l'élémental : ses courants se sont régularisés, fortifiés ; il y est plié (grâce à sa plasticité), il en a l'*habitude*, qu'il ne perdra plus ; c'est là le véritable commencement de l'individualité morale. L'aérosôme, pendant la vie, s'est fait aux fonctions qu'il était appelé à remplir ; sa constitution s'est modifiée en ce sens, et les molécules nouvelles qui entrent en lui prennent les formes de celles qu'elles remplacent, sont, par conséquent, aptes à produire les mêmes phénomènes, et tendent forcément à les produire ; si bien que le jeu du centre et du double courant des forces, origine des futures circulations, en est influencé d'autant.

Quelle sera la vie de ce nouvel être en l'état de *désincarnation,* comme disent très justement les spirites? Fort pénible, à coup sûr, si l'on peut employer cette expression à propos de cette chose innommée qu'est une âme encore dépourvue de sensations. Déjà plié à attirer la matière nécessaire à la sustentation du corps qu'il accompagnait naguère, et à rejeter les molécules usées de ce corps actuellement absent, privé des organes matériels qui lui sont nécessaires pour l'accomplissement de ses fonctions, troublé par les courants qui circulent toujours en lui, l'élémental ne tendra plus qu'à une nouvelle incarnation ; et, plus fortement sollicité par les conditions de vitalité plus intense que lui offriront les corps un peu supérieurs à celui qu'il vient de quitter, il s'élèvera fatalement de plus en plus dans l'échelle des êtres, prenant, à chaque incarnation nouvelle, quelque nouvelle habitude qui s'ajoutera à celles déjà contractées, se perfectionnant de la sorte, par une loi fatale, au fur et à mesure du développement de son existence dans la longueur des éternités à travers tous les règnes de la nature.

Et, tandis que l'aérosôme s'affine et se complète, l'âme devient plus puissante et plus complexe — les forces agissant d'après la constitution du milieu où elles s'exercent, — jusqu'au jour où, après avoir été un instant équilibrée, elle prend le dessus sur la matière, qu'elle dirigera désormais. Alors la plasticité fait place à l'instinct, et, plus tard encore, l'instinct, perfectionné, deviendra la raison, lorsque l'étincelle divine aura jailli pour rendre l'âme immortelle. Mais, à ce point, nous entrons en un autre ordre de création où nous n'avons pas à nous engager.

Telle nous paraît être l'histoire de la formation de l'âme.

IX

Donc, nous venons de le voir, les élémentals tendent bien de tous leurs pouvoirs à une vie physique ; ils sont poussés invinciblement à se réaliser sur le plan matériel ; ils sont *nécessités* à passer de l'état potentiel à l'état dynamique. Et telle est l'âpreté du besoin qui les incite que toute manifestation de la vie leur est bonne ; on trouve des élémentals dans tous les organismes inférieurs, sans exception : plantes et animaux, éléphants et vibrions, oiseaux et reptiles, phanérogames et cryptogames, globules du sang, cellules nerveuses, spermatozoïdes, et même — d'après quelques auteurs — parfois en certains hommes ; l'eau, la terre, l'air, tout autour de nous et en nous-même, tout ce qui constitue un organisme, à quelque degré que ce soit, peut servir de moyen de manifestation aux élémentals.

C'est l'origine des légendes sur les esprits des éléments (ou élémentals proprement dits) : gnômes, ondins, sylphes, salamandres ; nymphes, dryades, lutins, fées, kobolds, djinns, poulpiquets, etc. (1).

« Si les démons avaient un corps visible, disait un saint personnage, l'air en serait obscurci. » On peut en dire autant des élémentals ; ils sont bien, en effet, ce lion qui rôde sans cesse autour de nous *quærens quem devoret*, et les microbes infiniment multipliés que le microscope nous montre dans l'air que nous respirons, dans l'eau que nous buvons, dans les aliments dont nous faisons notre nourriture, dans les vêtements que nous portons, dans le sang qui circule en nos veines, peuvent donner une idée du nombre et des redoutables propriétés des élémentals, ces microbes du monde invisible.

Cherchons à deviner dans quelles conditions ils peuvent être attirés par différents corps.

D'après les expériences de M. Lecomte (1), ce que nous avons appelé la *matière des œuvres magiques*, c'est-à-dire la matière radiante de W. Crookes, ou l'éther des modernes physiciens, semble se comporter vis-à-vis des absorbants à peu près comme les odeurs ;

(1) Voir, notamment : LE COMTE DE GABALIS, par l'abbé de Villars ; LE DIABLE AMOUREUX, par Cazotte ; les CONTES de Perrault ; presque tous les comptes rendus des séances des différents groupes spirites, etc., etc.

(2) Voir, nommément : *la Photographie spirite*, dans *Paris-Photographe* du 30 juin 1894, et l'*Extériorisation de la Sensibilité*, Chamuel, éditeur.

les corps qui absorbent le mieux les odeurs sont : beaucoup de liquides, surtout le lait, le sang, l'eau, etc. ; presque tous les corps gras d'origine végétale ou animale (cire, huile, graisse, beurre, gélatine, albumine, etc.), peut-être aussi ceux d'origine minérale, comme les pétroles ; le charbon amorphe dans tous ses états, le platine incandescent, ou en mousse, certaines étoffes, etc. Presque tous ces corps ont été essayés avec succès pour l'absorption de tout ce qui se rapproche plus ou moins du corps astral. Or, comme les élémentals sont des corps astraux, il n'est pas étonnant qu'ils puissent être absorbés par ces mêmes absorbants du corps astral humain et des odeurs, lesquelles ne sont, à notre sens, que des émanations astrales, plus que les autres sensibles à notre odorat.

C'est vraisemblablement par une affinité toute physique que les aérosômes sont emprisonnés dans certains corps tangibles ; il n'y a pas combinaison chimique entre les molécules de l'absorbant et celles de l'absorbé ; il y a simplement mélange mécanique ; par exemple, dans le cas de la décoloration du vin rouge par le noir animal, le principe colorant n'est pas détruit, n'est pas combiné au carbone ; il est simplement retenu dans ce milieu, il s'y condense et on peut l'en expulser par des moyens appropriés ; de même, dans la parfumerie, quand on charge une graisse d'une odeur quelconque. L'aérosôme emprisonné peut donc conserver son individualité relative, le rythme des vibrations qui lui sont propres ; dans certains cas, ces vibrations peuvent êtres entravées, étouffées, au moins partiellement, et l'élémental a sa vie suspendue ; on pourrait dire presque *qu'il dort ;* d'autres fois, sa puissance vitale est surexcitée, au contraire, par la nature des vibrations du milieu absorbant, et il peut s'y développer à peu près comme fait une graine dans une terre végétale ; c'est ce qui a lieu avec les absorbants d'origine animale, surtout ceux qui restent dans leur état normal, tels que le sang frais, le lait non travaillé, le sperme, etc. Les élémentals ont pour ces corps une affinité d'autant plus grande qu'ils y trouvent une *organisation* moléculaire plus ou moins semblable à la leur (bien que d'un ordre plus élevé, ce qui est encore une condition favorable), et des vibrations qui aident aux leurs propres et qui favorisent leur développement par l'existence préalablement établie et bien assurée des courants d'assimilation et de désassimilation. Nous dirions volontiers qu'il existe entre les élémentals et ces absorbants une *affinité morphologique,* telle que celle qui unit les fragments d'un cristal, et une *affinité cinétique,* telle que celle qui attire deux aimants l'un vers l'autre.

Cette dernière affinité est naturellement d'autant plus puissante que les courants sont plus intenses, ou, plutôt, que la différence entre les courants de l'élémental et ceux de l'absorbant est plus grande ; on comprend facilement que, si la *tension d'extériorisation* ou de désassimilation (c'est presque la même chose) d'un corps possède une valeur importante, sans dépasser toutefois la limite où l'équilibre serait rompu, l'assimilation ou concentration par l'aérosôme élémental se fera mieux que si cette tension est faible ; si le courant centripète d'assimilation de l'absorbant est puissant, le courant centrifuge d'extériorisation de l'élémental y trouvera un débouché qu'il utilisera fatalement ; il y sera mécaniquement attiré.

Aussi l'on ne doit pas s'étonner que le sang, par exemple, qui est un organisme complet, soit préféré par les élémentals au lait et à la graisse, qui sont de simples sécrétions.

L'expérience justifie ces considérations ; car c'est du sang qu'on se sert pour attirer les élémentals parasites qu'on veut détruire ; on construit des miroirs magiques d'une grande puissance avec un mélange de poudre d'aimant et de poudre de charbon ; etc.

Mais c'est surtout vers les organismes complets que les élémentals sont le plus fortement attirés ; on le comprendra sans peine d'après ce que nous venons de dire, et nous ne nous attarderons pas à démontrer qu'ils y trouvent un moyen facile de se manifester et de prendre plus ou moins grande part de cette vie corporelle vers laquelle ils tendent de tout leur être.

La condition *sine quâ non* de leur intrusion dans un organisme, par exemple le corps humain, est l'absence du centre de forces, directeur de cet organisme ; il faut que l'âme sommeille ou soit extériorisée par la mort, l'ivresse, l'extase ou les pratiques hypnotiques ou spirites, pour qu'un ou plusieurs élémentals puissent prendre sa place et animer le corps en léthargie, en catalepsie ou en agonie. Mais de quelle vie factice peuvent douer le corps ces êtres incomplets, qui n'ont aucune notion, même instinctive, de ce qu'ils font ! Quelques mouvements désordonnés et sans but, parfois en dehors des lois normales de la vie, — tels que la lévitation, — c'est tout ce qu'ils peuvent produire. Pour les cadavres, cela n'a pas grande importance ; le centre de forces qu'est l'élémental n'est pas assez puissant pour entretenir le mouvement de la machine, dont les différents organes sont, d'ailleurs, bientôt hors de service ; mais les malheureux médiums sont exposés aux pires détraquements, et même à l'installation définitive, dans leur propre corps, d'élémentals que leur volonté chancelante ne peut pas toujours expulser.

On ne saurait trop le dire : en tant que doctrine, le spiritisme peut être avantageux pour certaines personnes ; il ne nous semble, à nous, ni vrai ni complet, mais d'autres peuvent penser différemment et ne pas s'en trouver plus mal ; toutes les opinions sincères sont profondément respectables ; quant à la pratique, malgré l'apparence bien inoffensive des débuts : tables tournantes, écriture automatique, etc., elle est certainement *plus dangereuse* que la fabrication de la dynamite ou l'usage de l'opium et devrait être prohibée au même titre. D'une façon absolument générale, l'évocation — même pour rire — de Sémiramis ou de Victor Hugo, de Pie IX ou de Pharamond, oui, même cette fumisterie-là peut être l'origine d'une névrose qui deviendra la folie ou la criminalité la plus honteuse. C'est immoral et périlleux au premier chef (1).

(1) Voir : *Essai sur l'application théosophiques des phénomènes du spiritisme*, par le Dr PASCAL, dans la *Curiosité ; la Fin du Monde des Esprits*, par PHILIPS DAVIS ; *Analyse des choses*, par le Dr GIBIER ; etc.

X

Nous venons de voir que les élémentals peuvent se fixer à un organisme dans lequel ils sont entrés ; il arrive, en effet, qu'ils y sont retenus, même contre leur gré — si, toutefois, ils sont susceptibles d'un vouloir quelconque — par leur affinité pour le milieu où ils ont pénétré.

Leur présence sur un cadavre ne peut être de longue durée, d'abord parce que, comme nous l'avons dit, le reste de vitalité qui les avait attirés leur fait bientôt défaut ; puis, parce que les cadavres, tendant uniquement à la désagrégation, le courant d'extériorisation n'est plus équilibré par celui de concentration, et l'élémental ne tarde pas à être expulsé, malgré l'affinité qu'il peut avoir pour ces chars en idécomposition ; de là la présence certaine, dans les cimetières, de ces larves nombreuses qui ont donné lieu aux légendes de revenants qu'on retrouve chez tous les peuples. Pour éviter cet inconvénient, les Égyptiens brûlaient ou embaumaient leurs morts (1) ; les Gréco-Romains les brûlaient tous ; les Hindous les exposent encore aux bêtes sauvages ou les jettent au Gange ; les Chinois enfin se contentent d'éviter les agglomérations de cadavres, et chaque famille garde ses morts.

Mais, lorsqu'il est bien installé chez un vivant, l'élémental ne se laisse que difficilement déloger ; il y est, en effet, retenu par la double affinité que nous avons étudiée un peu plus haut et par la nourriture facile qu'il se procure aux dépens de ce corps qu'il habite. Le corps humain possède une astralité puissante où l'élémental qui a pu y pénétrer puise avidement les molécules nécessaires à sa sustentation ; et il se les assimile d'autant mieux qu'elles sont déjà organisées pour vivre en mode astral ; ce sont des matériaux tout élaborés qu'il ingère et s'approprie. Aussi devient-il d'autant plus fort qu'il reste plus longtemps parasite du *possédé*, tandis que celui-ci s'affaiblit peu à peu, dans des proportions équivalentes, et finit par en mourir, comme il mourrait d'un cancer (2).

D'autres fois, l'élémental ne pénètre pas dans l'or-

(1) Voir, à ce sujet, l'*État de Trouble*, par Papus, et la *Matière des Œuvres Magiques*, par M. Decrespe.

(2) Voir, dans l'*Initiation*, un article de Marc Haven sur *Les Larves* et les travaux de St. de Guaïta.

ganisme ; il se fixe à sa surface comme un champignon sur une pierre humide, et il se nourrit alors à travers la peau ; l'effet est le même, quoique moins accentué.

Enfin, il est des cas où il se fixe non plus sur le corps humain, mais sur un objet quelconque d'où, comme une pieuvre, il s'étend sur tous les êtres vivants qui passent à sa portée. Le *Traité de Magie pratique*, de Papus, contient un exemple de ce mode de fixation.

L'action pernicieuse des élémentals ne se fait pas sentir seulement sur le corps physique ou astral ; elle se produit aussi sur l'esprit ; et cela se conçoit, puisqu'ils sont animés par un centre de forces analogue à l'âme. Ce centre de forces a ses vibrations particulières qui ne peuvent manquer d'agir par induction sur l'âme humaine autant que sur les forces physiologiques auxquelles elles se mêlent ; et, réciproquement, il peut recevoir l'induction de vibrations propres de l'âme. Et ce sont ces forces élémentales pouvant induire l'âme humaine et y provoquer telle ou telle pensée, qu'on appelle l'esprit de l'élémental. Nous avons suffisamment développé ce point en rapportant les doctrines occultistes sur les microbes de l'astral pour qu'il nous soit permis de n'y plus revenir ici, et nous renvoyons le lecteur au passage auquel nous faisons allusion. Il en est de même de l'étude des conditions qui favorisent l'intrusion et le parasitisme des larves. (Voir pages 42 et suivantes.) Au reste, ces phénomènes d'obsession et de possession se comprennent facilement d'après les considérations précédentes.

Mais quelques mots sont encore nécessaires pour l'explication des sensations qu'on éprouve lorsqu'on évoque les élémentals en grandes quantités. Froid, paralysie, terreur, sensation de vide, de succion, attouchements gluants et lourds, toutes ces choses se déduisent naturellement de la densité et du peu de mouvement moléculaire des larves, et de leur affinité puissante pour tout ce qui a vie, d'abord, et pour les différentes parties (eau, sang, graisse, etc.) qui composent le corps humain. Comment n'aurait-on pas froid à leur approche, et comment ne serait-on pas paralysé, puisqu'ils absorbent du mouvement ? Comment ne se sentirait-on pas sucé, s'ils aspirent en effet la matière astrale, ce qui produit autour du corps tangible une raréfaction réelle accusée souvent par un souffle bien objectif ? Comment n'aurait-on pas conscience des attouchements et de la pesanteur gluante de ces êtres qui, plus denses certainement que le corps humain, s'attachent si désespérément à lui? Deux choses seules méritent une rapide étude spéciale : la sensation de terreur et la vision de deux points semblables à deux yeux. La terreur qu'on ressent alors n'est point, originairement, une faiblesse de l'esprit ; c'est, plus probablement, une suite réflexe des contractions subies par les divers organes sous l'influence paralysante du froid ; c'est un contre-coup, une induction subie par l'esprit consécutivement à l'état accidentel de l'organisme ; et il est bien évident que, si on se laisse aller à cette impression, si la volonté ne maîtrise pas cette peur toute physiologique, si l'on perd la tête, si, par ses vibrations puissantes, la raison ne neutralise pas ces forces d'en bas, on est perdu, on devient la proie des élémentals, qui, plus forts par leur nombre, finissent par pénétrer dans le corps, malgré l'âme désemparée, et provoquent immanquablement la mort.

Quant aux deux yeux du *Gardien du Seuil,* il faudrait évidemment les avoir vus, les avoir expérimentés pour savoir exactement ce qu'ils sont ; mais ils ne nous paraissent pas devoir être attribués à autre chose qu'à la formation de deux pôles en quelque sorte magnétiques où se centralisent les forces d'assimilation et de désassimilation, de concentration et d'extériorisation, d'attraction et de répulsion.

XI

Tels sont les élémentals proprement dits. Mais, avant de chercher quelles pourraient être les conditions d'expérimentation les plus simples et les plus précises, nous devons voir rapidement une autre classe d'êtres qui peuvent parfaitement être rangés parmi les microbes de l'astral ; nous voulons parler des aérosômes des cadavres, que l'occultisme désigne sous le nom de *coques astrales*.

Quand un homme (ou un animal) meurt, son corps charnel ne se dissout pas instantanément ; il faut, en moyenne, de cinq à dix ans pour la décomposition complète d'un corps humain adulte, sauf le squelette. Or, pendant toute la durée de cette décomposition, l'aérosôme subsiste, de moins en moins parfait et puissant, mais toujours comparable à ce qu'il était pendant la vie. La grande différence est qu'au lieu de rester emprisonné dans le corps charnel où le retenait naguère le jeu des forces physiologiques, morales et intellectuelles, il en est chassé par cette même tension d'extériorisation non équilibrée qui provoque la désagrégation du cadavre : il est libre, mais pas encore tout à fait, puisque c'est du cadavre qu'il émane. En cet état, et bien que le corps auquel il appartenait soit mort, l'aérosôme peut, néanmoins, continuer à vivre de sa vie propre ; il peut conserver son centre particulier de forces ; il peut, en chacune de ses molécules, vibrer de ses vibrations à lui ou de celles qui lui sont communiquées : il peut même faire vibrer d'autres aérosômes ; en un mot, il constitue une entité semblable aux élémentals, mais plus puissante. Il vit donc de la même vie, ayant les mêmes besoins, les mêmes aspirations et provoquant les mêmes phénomènes, le tout avec plus de puissance puisqu'il est plus fort.

Cette puissance plus grande se manifeste surtout dans les *communications* que donnent ces aérosômes autrefois humains ; tandis, en effet, que les élémentals sont incapables de fournir autre chose que l'écho des pensées des personnes présentes, qu'ils réfléchissent machinalement et sans les comprendre, ou, quelquefois, l'induction de pensées étrangères dont ils se sont imprégnés antérieurement, les coques astrales conservent, par une sorte de phénomène réflexe, le rythme vibratoire des pensées que l'esprit auquel elles ont appartenu leur a communiquées lors de son union avec le corps ; elles peuvent ainsi répondre avec plus ou moins d'à-propos aux questions qui leur sont posées sur des sujets même ignorés des assistants ; encore faut-il que ces sujets ne soient pas transcendants, car, non seulement la coque, n'étant animée que par un reste des vibrations de l'esprit parti, ne peut dépasser la portée de cet esprit, mais encore, l'effet étant plus petit que la cause, ces vibrations, conservées sans doute par la vitesse acquise par les molécules et par la plasticité de l'aérosôme, sont moins intenses et moins pures que celles primitivement émises ; enfin, il est à peu près hors de doute que la plupart des pensées que peut avoir un homme, même médiocre, sont encore d'un ordre beaucoup trop élevé pour pouvoir s'enregistrer dans la coque astrale ; le phonographe enregistre bien les vibrations sonores, mais il ne saurait enregistrer les vibrations lumineuses.

C'est aux coques astrales en quête de leur vitalité absente qu'on doit la très grande majorité des phénomènes spirites, phénomènes souvent réels, mais mal interprétés ; puis viennent ceux dus aux élémentals ; et enfin ceux que provoquent par une extériorisation partielle — consciente ou non, et avec ou sans sommeil constatable, mais toujours réel — les médiums présents. Quant aux manifestations d'esprits telles que les conçoivent les spirites, elles sont, croyons-nous, possibles, mais peut-être pas une fois sur un million; pour les obtenir, il faudrait que le médium fût un Jésus-Christ — si une telle comparaison est tolérable — et que l'esprit qui se communique en fût un autre; la raison en est que l'esprit dégagé de ses liens peut être considéré comme élevé à un potentiel énormément supérieur à celui de l'esprit incarné et que, lors de la communication, il se produirait entre les deux quelque chose comme une décharge disruptive si puissante que le médium au moins en serait foudroyé, pulvérisé à l'instant même. Le seul moyen d'éviter la décharge et de permettre seulement une attraction serait d'élever le potentiel du médium et d'abaisser celui de l'esprit, ce qui ne pourrait avoir lieu que pour des êtres d'une puissance psychique absolument en dehors des limites fixées à l'humanité incarnée ou désincarnée. Mais, encore une fois, nous ne voulons pas aborder la discussion des propriétés de l'âme humaine, telle que l'entendent les catholiques, et qui est l'esprit pour certaines autres écoles.

Aussi bien, n'avons-nous plus grand'chose à dire de l'âme, simple centre de forces, agissant dans la coque astrale, si ce n'est qu'elle peut être assez puissante pour conserver la coque même très longtemps après la destruction complète du corps charnel. On dit même que ces coques peuvent resservir à l'esprit lors de sa réincarnation qui aurait lieu, toujours d'après certaines philosophies, au bout d'un nombre considérable de siècles.

XII

Laissons toutes ces théories inaccessibles à notre rudimentaire expérimentation, et revenons à la matière et aux forces astrales.

On pourrait nous reprocher, à nous aussi, de ne faire que de la théorie pure, sans possible confirmation expérimentale. Nous l'avons déjà dit, ce n'est pas même de la théorie que nous prétendons faire, mais simplement quelques hypothèses logiquement déduites des bases positives que nous fournit la physique moderne ; seulement nous croyons que ces hypothèses peuvent être vérifiées par l'expérience, et nous allons indiquer sommairement les procédés qui nous semblent *a priori* devoir être plus efficaces.

Les conditions d'expérimentation sont de trois sortes ; il y a : les conditions de milieu, les conditions de l'expérience proprement dites, et les conditions personnelles de l'expérimentateur et des assistants.

Les conditions de milieu, les plus négligées de toutes, sont cependant d'une importance capitale, ainsi qu'on en peut voir une preuve bien remarquable dans l'étude, déjà citée, de M. Lecomte sur la *Photographie spirite*. Dans l'Amérique du Nord, les phénomènes spirites n'ont tant d'intensité qu'à cause des conditions de sécheresse particulièrement favorables où l'on se trouve placé pour les produire. Les stations élevées, à 500 mètres d'altitude, par exemple, voient, toutes choses égales, d'ailleurs, se produire beaucoup plus de phénomènes que les plaines, et c'est peut-être pour cette raison que les hauts plateaux ont toujours été choisis par tous les anachorètes, depuis les Égyptiens et Moïse, jusqu'aux Mahatmas du Thibet, en passant par les ermites de l'Église primitive et les moines du moyen âge (1). L'électricité agit aussi très puissamment, et il est bien rare que les récits d'apparitions ne parlent pas d'éclairs ou de tonnerres accompagnant le phénomène principal ; il est fort instructif de consulter, à ce sujet, le livre du Dr Fugairon sur les *Phénomènes électriques des Êtres vivants*.

Si l'on étudie attentivement les relations des plus remarquables phénomènes psychiques, on peut sans peine

(1) M. A. Jhouney, directeur de l'*Étoile*, a conçu un appareil fondé sur les avantages que présente la dépression barométrique pour la production de certains phénomènes. Nous regrettons de ne pas connaître cet appareil et, par conséquent, de n'en pouvoir parler. Il est certain que la dépression barométrique doit favoriser, dans une mesure assez considérable, l'extériorisation du corps astral.

en déduire les meilleures conditions de milieu qu'il est utile de réaliser. La première comme importance nous semble être la sécheresse de l'air ; on ne devra donc rien entreprendre, sous peine d'échec presque certain, dans une atmosphère imprégnée d'humidité ; le mieux serait d'opérer en un pièce élevée au-dessus du sol, longtemps chauffée par des braseros, puis aérée avant l'expérience, pour expulser l'oxyde de carbone et l'acide carbonique ; l'emploi de l'acide sulfurique et du chlorure de calcium pourrait aussi donner de bons résultats, mais ne serait guère pratique. La seconde condition est la chaleur ; à notre avis, il vaut mieux opérer à une température ne descendant pas au-dessous de 20° C et ne montant pas au-dessus de 25, ce qui gênerait l'opérateur ; la raison d'être de cette indication est que les élémentals, étant froids, recherchent la chaleur, tout comme les serpents, lézards et autres reptiles.

Ensuite, il serait bon d'obtenir (artificiellement, bien entendu) une légère baisse barométrique (740^{mm}) au moyen d'une machine pneumatique ; mais cette condition exigerait l'emploi d'une foule de moyens peu commodes à appliquer : calfeutrage de la pièce, aération artificielle, etc. ; il est sans doute préférable de s'en passer.

Mais l'électrisation est bien plus facile à réaliser ;

une pile quelconque et une simple bobine de Ruhmkorff suffisent ; on dispose la pile et la bobine dans une pièce voisine et on réunit les deux rhéophores de l'induit, d'une part, au plafond garni de fil de fer nu, et, d'autre part, à des plaques minces de tôle, de fer-blanc ou de zinc, qui couvrent le plancher, et sur lesquelles on tend un tapis de caoutchouc ou, à défaut, une toile cirée ou une étoffe de soie couverte elle-même d'un tapis ; les feuilles de fer-blanc forment ainsi l'armature d'un condensateur dont l'autre armature est constituée par tous les objets situés sur le tapis isolant ; il n'est même pas toujours indispensable de garnir le plafond d'un réseau de fils métalliques ; un fil unique, traversant la pièce dans toute sa longueur, suffit quelquefois.

Les appareils sont forcément peu nombreux jusqu'à présent, puisqu'on n'a guère étudié ce sujet-là ; le seul que nous connaissions dans cet ordre d'idées est le miroir magique dans ses formes diverses : globe de cristal, vase plein d'eau, cercle noirci de charbon, etc. ; puis un couteau tranchant et pointu, à manche isolant, un aimant droit ou une tige de bois à bout de fer aimanté ; enfin un réchaud pour la production des fumées résineuses, une lampe à projection (lanterne magique) et un récipient quelconque pour le sang, tels sont les accessoires obligés d'une évocation (1). Le sang et l'aimant servent, nous l'avons vu, à attirer les élémentals ; la fumée sert à les faire apparaître, non pas, croyons-nous, qu'ils viennent plus facilement dans la fumée que partout ailleurs, mais ils y deviennent plus visibles par l'absorption qu'ils font des molécules solides entraînées par les gaz chauds ; les fumées résineuses, surtout, sont, dit-on, propres à cet objet, sans doute parce que leurs molécules sont plus facilement retenues par les aérosômes ; l'épée ou le couteau sert à chasser les élémentals, ou même à les dissoudre, ces corps fuyant au flux répulsif qui s'échappe des pointes électrisées ou, tout au moins, portées à un potentiel assez élevé par les vibrations des forces humaines. Mais cet outillage, assez primitif, ne saurait suffire pour une étude positive un peu approfondie ; nous y voudrions voir joindre tout au moins un appareil constitué comme suit : 1° une machine électrostatique ou une bobine de Ruhmkorff avec sa pile ; 2° un grand réflecteur métallique d'une longueur focale d'environ un mètre ; 3° un fort barreau d'acier aimanté ou, mieux, un puissant électro-aimant droit présentant au pôle négatif un épanouissement polaire plan circulaire et placé horizontalement perpen-

(1) Voir *Traité de Magie pratique*, par Papus et les *Miroirs magiques*, par Sédir.

diculaire au barreau; 4° une lanterne magique.

Le fil induit de la bobine ou la machine statique est en relation : le pôle positif avec le réflecteur, le pôle négatif avec l'aimant ; le réflecteur est garni extérieurement d'un vernis isolant : à l'intérieur, le métal est nu et hérissé de pointes plantées normalement à sa surface, dans la direction du foyer; à ce foyer ou dans un point voisin, on place le pôle négatif de l'aimant, qui est en même temps le négatif du circuit électrique; sur l'épanouissement polaire qui peut avoir un rebord, on verse soit de la poudre de charbon, soit du sang, ou bien encore on y place un brûle-parfum, en un mot, on cherche à y attirer les élémentals ; enfin la lanterne magique est placée dans le voisinage et projette sa lumière blanche ou diversement colorée au-dessus du foyer du réflecteur, vers le point où l'on suppose devoir se produire les apparitions. Nous avons certaines raisons de croire que cette disposition (voir fig. 5), ou quelque autre analogue (1), présentera des avantages assez appréciables pour l'étude des élémentals, soit par la photographie (2), soit de toute autre manière.

(1) Par exemple, l'emploi de deux aimants puissants placés en regard l'un de l'autre, le négatif en bas, comme dans la fig. 5 et le positif en haut, avec un épanouissement polaire formant réflecteur.

(2) Voir, à ce sujet, les expériences du Dr Baraduc sur l'*Iconographie de la Force vitale.*

Enfin, il y a les dispositions personnelles de l'opérateur. Il peut paraître bizarre que tout le monde ne soit pas également apte à ces expériences, tandis que tout le monde peut faire de la physique ; mais si l'on songe à toutes les difficultés inhérentes à la nature même de ce sujet encore si peu connu, on ne s'étonnera plus qu'il faille subir certain *entraînement* avant

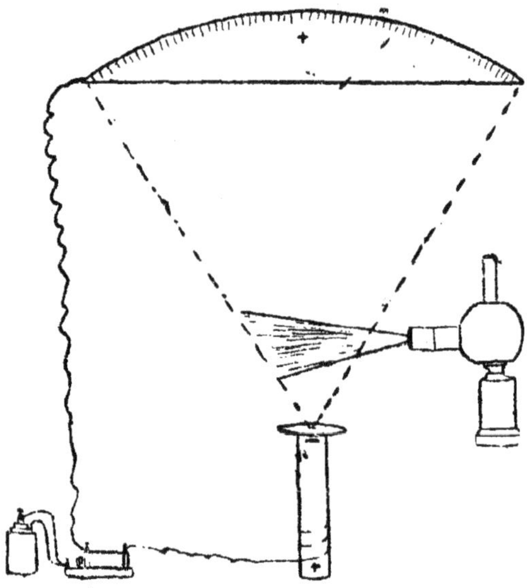

Fig. 5.

d'en aborder fructueusement l'étude. D'une façon générale, n'importe qui peut faire une pesée ; mais il est relativement peu de personnes assez calmes, assez maîtresses de leurs nerfs pour faire exactement une pesée d'analyse quantitative en opérant sur un poids de quelques milligrammes. Il en est un peu de même des études psychiques, et particulièrement de celles qui font le sujet de ce travail ; tout le monde peut voir un corps, en général ; mais quand la matérialité de ce corps cesse d'être tangible, il faut avoir les yeux assez puissants et assez attentifs pour deviner, tout en ne se laissant pas duper par les apparences, les moindres formes qui se manifestent réellement. C'est ce que nous avons essayé de démontrer dans nos *Recherches sur les conditions d'Expérimentation personnelle en physio-psychologie*, mémoire auquel nous renvoyons le lecteur curieux d'étudier de près ce monde étrange et redoutable qui nous entoure, qui vit de nous et que nous ignorons. Toutefois, s'il n'est pas assuré de sa vigueur physique, morale et intellectuelle, et s'il ne sait pas, qu'il retourne à ses occupations mondaines ; ces travaux magiques ne sont pas pour lui ; et ce n'est pas en vain que les antiques initiations imposaient aux futurs évocateurs les épreuves les plus longues et les plus pénibles, pour les mettre à même de ne pas succomber aux dangers très réels que présente, pour l'esprit, pour l'âme et pour le corps même, l'étude des microbes de l'astral.

Décembre 1894.

APPENDICE

Depuis que les lignes précédentes sont écrites, on a publié certaines expériences se rapportant plus ou moins directement à notre sujet, et dont, malgré notre désir de nous limiter aux hypothèses tant que les faits ne seront pas venus confirmer ou infirmer nos vues personnelles, nous ne pouvons nous dispenser de parler. On ne trouvera pas, certes, dans le résumé qui va suivre, des preuves irréfutables, tangibles de l'existence des microbes de l'astral, — au moins tel est notre avis provisoire, — mais bien des phénomènes d'un caractère réellement nouveau, peu explicables par les théories connues, et semblant cadrer, au contraire, dans une certaine mesure avec l'hypothèse que nous avons essayé d'établir sur notre conception des éclairs en boule.

Il s'agit surtout des expériences d'électrographie et de psychographie de divers savants, parmi lesquels le Dr H. Baraduc, de Paris, a bien voulu nous autoriser tout spécialement à parler de ses travaux, sur lesquels il nous a fourni des renseignements inédits ou peu connus. Nous le prions d'en agréer nos vifs remercîments.

Rappelons brièvement l'historique de la question en nous attachant plutôt à la succession logique des découvertes qu'à leur ordre chronologique.

Personne n'ignore que si l'on expose à l'action d'un rayon lumineux certains sels peu stables, ces sels se décomposent ; c'est sur ce principe qu'est basée la photographie ; les préparations qui ont, jusqu'à ce jour, donné les meilleurs résultats en photographie sont celles dites au gélatino-bromure d'argent.

Mais qu'est-ce que la lumière ? Un simple mouvement vibratoire, de même que toutes les autres formes de l'énergie. On pouvait donc penser *a priori* que tous les différents modes ondulatoires étaient susceptibles de se graphier, avec plus ou moins de netteté et d'intensité, sur la plaque de gélatino-bromure. C'est, en effet, comme nous le verrons plus loin, ce qui a lieu.

Avant de passer outre, nous tenons à faire remarquer que les expérimentateurs dont nous allons rapidement étudier les découvertes se sont trouvés placés, par la nature même de leurs travaux dans des conditions forcément défectueuses. Car, si l'électricité, la chaleur, la pression mécanique, l'ecten ou force nerveuse, etc., agissent sur la plaque photographique de même que la lumière, il n'est pas moins certain que la plaque est préparée spécialement pour la lumière et non pour l'électricité, la chaleur ou l'ecten ; il doit y avoir, il y a certainement des corps plus facilement décomposables que le bromure d'argent, par l'électricité, par exemple, ou par les autres forces différentes de la lumière. Ces corps, on ne les connaît pas encore, on ne les a pas du moins encore utilisés dans le but que se sont proposé les savants dont nous parlons, d'où, nécessairement, une infériorité relative — et aussi un mérite plus grand — de leurs travaux actuels, comparés aux travaux à accomplir avec des instruments mieux appropriés.

Nous signalons le problème aux chimistes ; il a bien son importance, et nous ne doutons pas qu'il soit prochainement résolu. En ce qui concerne la force ecténique, nerveuse, vitale, psychique, odique (ou tel autre nom qu'on veuille lui donner), il nous semble qu'une émulsion résineuse ou albumineuse, avec des sels tirés des végétaux ou animaux et non pas des minéraux (comme le bromure d'argent), pourrait donner de bons résultats; la raison en est qu'actuellement, la dite force est surtout étudiable pour nous, dans l'homme, où elle revêt l'aspect particulier qu'on a désigné force nerveuse, et qui, parce qu'elle émane de l'homme, doit agir plus facilement sur des corps organiques, comme celui de l'homme, que sur des corps inorganiques. Pour une raison analogue, l'électricité agirait plus efficacement sur des sels de facile décomposition électrolytique.

En attendant que les progrès de la chimie nous aient permis de mieux étudier ces phénomènes, voyons ce qui a été fait jusqu'à ce jour en cette voie toute nouvelle.

Le premier en date, il y a déjà plusieurs années, le docteur Boudet, de Paris, avait reconnu que l'électricité pouvait donner lieu à la production d'images. Son procédé était assez primitif, et les résultats obtenus peu nets. Il plaçait, sur une plaque de verre, un objet métallique présentant quelque relief, une médaille, par exemple ; la plaque de verre était posée sur l'extrémité largement épanouie d'un rhéophore en communication avec l'un des pôles d'une machine électro-statique ; le rhéophore qui partait de l'autre pôle, venait au contact de la médaille ; quand l'étincelle avait jailli, tout d'abord aucune modification n'était apparente sur la plaque de verre ; mais si l'on y soufflait de façon à y produire une légère buée, alors une image s'y manifestait, reproduction assez imparfaite, mais très reconnaissable, du dessin de celle des faces de la médaille qui avait été en contact avec la vitre. C'était bien de l'électrographie, et la lumière n'avait aucune part au phénomène puisqu'on pouvait opérer en pleine obscurité ; mais c'était de l'électrographie à l'état embryonnaire, et nous ne croyons pas que ce procédé, même perfectionné par le transport de poudres colorées, ait jamais pu donner des images utilisables dans la pratique.

Il y a deux ans, environ, M. Narkiewicz de Jodkov introduisit une heureuse modification dans la méthode de M. Boudet de Paris ; au lieu d'une simple plaque de verre, il se servit d'une plaque préparée pour la photographie, sur laquelle il obtint une image beaucoup plus visible, et, par conséquent, plus facile à examiner ; c'était un grand progrès, bien qu'il ait été démontré que quelques rares dessins, très simples de traits, pouvaient, par ce moyen, être reproduits sans devenir méconnaissables.

L'hiver dernier, M. Zenger présenta à l'Académie des Sciences des épreuves obtenues toujours au moyen de plaques photographiques, mais sans l'intermédiaire d'une médaille ou autre objet similaire; simplement en approchant l'extrémité du rhéophore de la couche de gélatine, l'ingénieux physicien obtint des images desquelles il conclut que l'électricité se propage en effet, comme on le supposait, par mouvements tourbillonnaires (ce qui vient à l'appui, dans une certaine mesure, de ce que nous disions pages 35 et 57, en note, de la corrélation entre les anneaux tourbillons de Helmholtz et la propagation par ondulations dans la théorie de Fresnel). Cette conclusion est infiniment plus intéressante, au point de vue de la science pure, que les résultats des recherches de Boudet de Paris.

Cependant, M. Narkiewicz avait poursuivi ses expériences dans un sens un peu différent; après avoir reconnu, comme nous l'avons dit page 24, que l'électricité positive se graphie d'une façon toute autre que l'électricité négative, il se demanda si, par le moyen de l'électrité, on ne pourrait obtenir l'image des corps organiques comme on obtient celle des médailles; l'expérience, disposée à peu près comme celle de Boudet de Paris, réussit à souhait; nous citerons comme tout particulièrement remarquable l'épreuve électrographique d'un doigt, qui a été reproduite dans plusieurs ouvrages récents. Mais, autour de ce doigt, on trouve sur la plaque de gélatino-bromure, à côté des traces bien reconnaissables de l'électricité, d'autres traces d'un aspect tout spécial, qui, ne pouvant provenir d'une action lumineuse, puisqu'on opérait dans l'obscurité, n'étaient attribuables qu'à la chaleur organique ou à la force nerveuse.

Le Dr Baraduc prouva bientôt que la force nerveuse seule pouvait être invoquée comme cause de ces images différentes de tout ce qu'on avait obtenu jusqu'à ce jour. En effet, parmi les milliers d'épreuves qu'il possède, quelques-unes présentent un intérêt tout spécial au point de vue qui nous occupe actuellement ; ce sont celles où l'opérateur, placé dans l'obscurité, et en dehors de toute action électrique, tient la plaque par les quatre coins entre ses deux pouces et ses deux index ; au développement, la plaque apparaît couverte d'une traînée claire partant des quatre coins et se réunissant vers le milieu en une grosse ligne qui se confond avec le grand axe de la plaque ; la figure affecte grossièrement la forme d'un X et rappelle certains schémas par lesquels on représente la distribution des lignes de force à l'intérieur des aimants. On pourrait dire — on a dit — que ces traces très vagues proviennent d'une erreur de manipulation ; l'argument aurait un certain poids s'il s'agissait d'une expérience unique ; il perd sa valeur en présence des faits multiples et se reproduisant identiques dans des conditions semblables. Toutefois, les expérimentateurs qui voudraient se lancer en cette voie doivent être avertis que tous ne réussiront pas également ; ceux-là obtiendront les résultats les plus frappants te les plus rapides qui sont organsiés pour mieux extérioriser leur force nerveuse, ainsi que nous l'avons expliqué, à un autre point de vue, dans notre ouvrage : *Magnétisme, Hypnotisme, Somnambulisme.*

Au reste, antérieurement au Dr Baraduc et par un procédé différent, M. Lecomte avait lui aussi prouvé l'objectivité des effluves ; nous laisserons de côté les expériences sur les effluves de l'aimant, de la pile, des cristaux, des fleurs, etc., pour ne nous occuper ici que de celles qui concernent les effluves de force nerveuse extériorisée. Son livre sur *l'Extériorisation de la Sensibilité* donnera à ce sujet tous les renseignements de détail que l'exiguité de notre cadre nous oblige à passer sous silence. Si, par des procédés convenables, on amène un sujet hypnotique en un certain état d'hypnose, ses organes visuels s'hyperesthésient, et il lui devient possible de percevoir les effluves odiques qui s'échappent des différents corps ; il voit, entre autres, le corps humain entouré d'une lueur bleue d'un côté, rouge de l'autre, avec, aux yeux, aux oreilles, aux narines et à la bouche, des pinceaux lumineux s'irradiant en tous sens. Si, sous les yeux de ce premier sujet A, on en magnétise un second B, les lueurs disparaissent d'abord de la peau ; c'est la phase de l'anesthésie cutanée ; puis, au fur et à mesure que l'hypnose s'accentue, l'extériorisation s'effectue, de plus en plus abondante ; A voit alors se former autour de B une, deux, trois, quatre.... couches lumineuses concentriques qui sont, vraisemblablement, le lieu des points maxima des ondulations des rayons de la force nerveuse. Pour contrôler les dires de ses sujets voyants, M. Lecomte fit de nombreuses expériences au moyen de différentes *mumies* ou corps susceptibles d'absorber les molécules que la force nerveuse extériorisée entraîne avec elle hors du corps d'où elle émane, et il obtint de la sorte une confirmation complète de la réalité du phénomène, en même temps que la possibilité d'établir une théorie très nette de son processus. Mais les sujets voyants avaient affirmé qu'au bout d'un certain temps de magnétisation, les couches concentriques formées autour du sujet extériorisé, semblaient se séparer en deux, et constituaient, de chaque côté du corps, un *demi-double* de ce corps, correspondant respectivement au côté d'où il était émané; une expérience bien remarquable vint encore affirmer la réalité du fait: chez Nadar, M. Lecomte endormit un de ses sujets et l'extériorisa; on fit l'obscurité et, à la lueur d'une allumette, on braqua un appareil photographique sur un point situé à plus d'un mètre du sujet et auquel ledit sujet déclarait voir son demi-double extériorisé; l'allumette éteinte, on leva le rideau du châssis contenant la plaque sensible et, au bout d'un certain temps de pose, on passa au bain développateur; sur la plaque, une image apparaissait, assez confuse, mais reproduisant nettement le demi-double extériorisé, et par le moyen de laquelle on reconnut la présence, sur la figure du sujet, de deux points hypnogènes auparavant ignorés. Ainsi donc cette partie d'aérosôme s'était, vis-à-vis de la plaque photographique, comportée comme eût pu faire un corps tangible éclairé par des rayons lumineux; on ne peut guère, ce nous semble, expliquer le fait, et nombre d'autres plus ou moins semblables, qu'en disant qu'il y a eu, non seulement irradiation de force nerveuse, mais encore entraînement de molécules matérielles émanées du corps même du sujet, lesquelles molécules, agglomérées dans l'espace en un tout relativement compact, continuaient de vibrer comme lors de leur union avec le corps tangible, et émettaient, par conséquent, des rayons qui allaient impressionner la plaque sensible.

Ces considérations nous ramènent aux expériences du Dr Baraduc. Le plus grand nombre des épreuves obtenues par ce savant des effluves combinés de l'électricité et de la force nerveuse présentent des taches rondes, en plus ou moins grande quantité, qu'il a appelées *boulets vitaux*. Ces boulets ne se montrent pas, ou ne se montrent qu'en nombre très restreint sur les épreuves électrographiques, c'est-à-dire sur celles obtenues par l'électricité seule. Plusieurs personnes ont cru — et nous avons été du nombre — que ces taches étaient dues à des étincelles électriques plus nourries jaillissant dans la nappe d'effluves. Un examen plus approfondi du phénomène nous a montré qu'il n'en était rien; d'abord les étincelles électriques donnent, suivant qu'elles sont positives ou négatives, soit une étoile à rayons multiples, soit une nébulosité floue, tandis que les boulets vitaux sont toujours — positifs ou négatifs — parfaitement circulaires; ensuite ils ne se montrent, nous le répétons, que lorsque le flux électrique a servi à entraîner, à extérioriser le flux nerveux, soit que le corps de l'opérateur ait été intercalé dans le circuit électrique, soit qu'en touchant l'une des pièces du dispositif, il l'ait chargée de ses effluves nerveux et aussi, il faut bien s'y résoudre, de certaines particules matérielles émanées de son corps et entraînées mécaniquement par ces effluves nerveux.

En effet, qu'on pose à plat la plaque au gélatinobromure sur un vase en verre, la couche de gélatine en dessus; si l'on approche de cette plaque l'extrémité d'un des conducteurs d'une machine statique et qu'on fasse jaillir l'effluve, après développement, la plaque donne l'image circulaire des bords du verre, plus, quelquefois, deux ou trois boulets vitaux; c'est ce qu'a fait l'ingénieur Mierjiewsky, de Wilna. En utilisant le même dispositif, après avoir frotté avec le doigt les bords du verre et en tenant à la main le rhéophore pendant la décharge, la plaque donne, autour de la trace du verre, un chapelet de boulets, se touchant presque partout.

Il n'y a là, évidemment, rien de commun avec les petits éclairs globulaires reproduits artificiellement par Planté d'abord, au moyen d'une batterie d'accumulateurs, entre deux feuilles humides de papier buvard, puis par Von Lepel, au moyen d'une machine statique, le long de deux fils séparés par une plaque de paraffine. Les boulets vitaux ne ressemblent pas davantage aux *gouttelettes lumineuses* et aux *feux follets électriques* observés par le Dr Baraduc lui-même dans sa pratique électrothérapeutique. (Pour la description de ces phénomènes, nous renvoyons le lecteur aux ouvrages du Dr Baraduc.)

Nous ajouterons encore une remarque qui contribuera à faire saisir la différence qui existe entre les boulets vitaux et un phénomène électrique : lorsque, dans ces expériences, qui se font dans l'obscurité, l'œil perçoit une étincelle dans l'effluve électrique, on retrouve, sur la plaque, l'image de cette étincelle ; avec les boulets vitaux, rien de semblable ; on ne les aperçoit jamais pendant l'expérience, et l'on n'en peut constater la présence qu'au développement de la plaque, quels que soient leur nombre et leur grosseur.

Que conclure donc de tout ceci ? Les boulets vitaux sont-ils, comme le suppose le Dr Baraduc, de *petites âmes rudimentaires*, existant dans le fluide vital, d'où l'électricité les chasserait pour les emprisonner dans la couche de gélatine, en laquelle leur énergie latente provoquerait une décomposition des sels d'argent?

Nous n'osons nous prononcer, car il s'agit ici, non pas d'émettre une hypothèse, mais d'interpréter un fait. Toutefois, nous ne dissimulons pas que nous sommes fortement tentés d'être de l'avis du Dr Baraduc et de voir, en ces boulets vitaux, de véritables microbes de l'astral et, plus probablement, des âmes (centres de forces) de globules sanguins ou de cellules nerveuses. D'autres expériences du même auteur, relatives aux formes étranges qu'en certaines conditions revêtent les taches de la plaque photographique (formes rappelant beaucoup celles de la planche qui se trouve en tête de cet ouvrage), seraient de nature à nous confirmer encore dans cette idée.

Mais, une fois de plus, nous n'osons décider, préférant attendre le résultat de plus nombreux travaux, soit par la méthode du Dr Baraduc, soit par la méthode magique traditionnelle, soit par celle que nous proposons au chapitre XII du présent ouvrage, soit par toute autre convenable.

S'il est, parmi nos lecteurs, quelqu'un ayant assez de loisir et de force de caractère pour se livrer à ces travaux, aussi *dangereux* que l'étude du typhus ou du choléra pour les bactériologistes, nous lui serions reconnaissant de nous tenir au courant des résultats qu'il aura obtenus ; le service qu'il nous rendrait ainsi nous paierait de toutes nos peines; et peut-être, en échange, pourrions-nous être assez heureux pour lui fournir quelque utile indication théorique ou pratique.

Mai 1895.

Tours. — Imp. Roger Dubois.

www.ingramcontent.com/pod-product-compliance
Ingram Content Group UK Ltd.
Pitfield, Milton Keynes, MK11 3LW, UK
UKHW031923260826
14628UKWH00003B/1381

9 782019 703653